ACCESO GRATIS *a la Lectura en la Nube*

Para visualizar el libro electrónico en la nube de lectura envíe junto a su nombre y apellidos una fotografía del código de barras situado en la contraportada del libro y otra del ticket de compra a la dirección:

ebooktirant@tirant.com

En un máximo de 72 horas laborales le enviaremos el código de acceso con sus instrucciones.

La visualización del libro en **NUBE DE LECTURA** excluye los usos bibliotecarios y públicos que puedan poner el archivo electrónico a disposición de una comunidad de lectores. Se permite tan solo un uso individual y privado

EL "INTERVINIENTE" EN EL CÓDIGO PENAL COLOMBIANO

Procedimiento de selección de originales, ver página web:

www.tirant.net/index.php/editorial/procedimiento-de-seleccion-de-originales

EL "INTERVINIENTE" EN EL CÓDIGO PENAL COLOMBIANO

LUÍS GRECO
Profesor catedrático de derecho penal, derecho procesal penal, teoría del derecho penal y derecho penal extranjero en la Universidad Humboldt de Berlín.

JOSÉ MARÍA PELÁEZ MEJÍA
Profesor titular de derecho penal y filosofía del derecho de la Universidad Libre de Cúcuta.

tirant lo blanch
Bogotá D.C., 2024

En caso de erratas y actualizaciones, la Editorial Tirant lo Blanch publicará la pertinente corrección en la página web www.tirant.com.

Greco, Luis, autor
El "interviniente" en el Código Penal colombiano / Luis Greco y José María Peláez Mejía. -- Primera edición. -- Bogotá: Tirant lo Blanch, 2024.
107 páginas.
Incluye referencias bibliográficas.
ISBN: 978-84-1056-912-6
1. Derecho penal -- Colombia. 2. Participación en el delito. 3. Autores (Derecho penal). I. Peláez Mejía, José María, autor. II. Título.

LC: KHH5441 CDD: 345.04 ed. 23

Catalogación en publicación de la Biblioteca Carlos Gaviria Díaz

Director de la Colección:
JUAN PABLO LÓPEZ MORENO
Catedrático de Derecho Penal
Universitat de València

EDITA: TIRANT LO BLANCH
Calle 69A No. 4-88, Bogotá D.C.
Telf.: 4660171
Email: tlb@tirant.com
www.tirant.com
Librería virtual: www.tirant.es
ISBN: 978-84-1056-912-6

Si tiene alguna queja o sugerencia, envíenos un mail a: *atencioncliente@tirant.com*. En caso de no ser atendida su sugerencia, por favor, lea en *www.tirant.net/index.php/empresa/politicas-de-empresa* nuestro procedimiento de quejas.

Responsabilidad Social Corporativa: http://www.tirant.net/Docs/RSCTirant.pdf

TABLA DE CONTENIDO

OBSERVACIONES SOBRE EL PRESENTE LIBRO. A MODO DE INTRODUCCIÓN

El lector tiene en sus manos una obra particular, resultado de una reflexión conjunta y distribución de tareas. Mi intención es ofrecerle, con toda la brevedad posible, una explicación necesaria, que se centrará principalmente en la génesis del trabajo.

Mi relación con Colombia, junto con muchos de sus profesores también internacionalmente reconocidos, se ha intensificado en los últimos años y va mucho más allá del ámbito científico. Vale la pena destacar la sólida colaboración y amistad que se ha construido con la Universidad Libre de Colombia, que he tenido el privilegio de visitar en varias ocasiones, no solo en la sede en Bogotá, sino también en las sucursales en Cartagena y Cúcuta. Colaboro regularmente en sus programas de posgrado. Inclusive, en agosto de 2022, justo después del paréntesis pandémico, tuve la oportunidad de regresar a Bogotá para participar en el "XIV Seminario y IV Congreso Internacional de Derecho Penal y Filosofía del Derecho", invitado por mi gran amigo, el profesor Vadith Orlando Gómez. El tema que me asignó Vadith fue "El 'interveniente' en el Código Penal colombiano".

Hasta entonces, apenas había escuchado hablar de esta peculiar figura, que aparece en el artículo 30 IV del Código Penal. De todas formas, en Brasil decimos que "misión dada es misión cumplida"; así que comencé a reflexionar sobre la figura, recopilé la escasa literatura que estaba a mi alcance desde Alemania y compartí mis reflexiones en el mencionado congreso. Entre el público, se encontraba mi amigo José María Peláez Mejía, un talentoso representante de la nueva generación del penalismo colombiano, establecido en Cúcuta. Conocía a José María desde mi primera visita a Colombia, hacia el año 2016; en aquel entonces, era solo un estudiante de posgrado que ya se destacaba por su activa participación en las clases que yo tenía el placer de impartir en la Universidad Libre, sede Bogotá. Esta primera impresión se confirmó y profundizó en dos ocasiones posteriores: primero, cuando vi publicado su libro "Fundamentos de un Esquema Bipartido del Delito" (Tirant Lo Blanch, 2019); y segundo, cuando, pocos días antes del evento del que estoy hablando, tuve la oportunidad de conocer la sucursal Unilibre de Cúcuta. Allí pude presenciar, con grata sorpresa, el maravilloso trabajo que José María está realizando en su ciudad, reuniendo a todo un grupo de jóvenes interesados, entre los que destaco a Diego Barajas, Juan Camilo Páez y Ronald Sanabria, quienes estudian y discuten sobre los problemas más difíciles del derecho y el proceso penal a un nivel impresionante.

Volviendo al Congreso de agosto de 2022: concluyo mi modesta conferencia sobre un tema que, al menos en sus dimensiones colombianas, conozco poco (en Alemania, tenemos un dispositivo que presenta cierta similitud y genera muchas dificultades interpretativas, a las cuales me dedico dentro del *Leipziger Kommentar*[1]). Mi impresión como ponente (y todo ponente tiene alguna impresión sobre su desempeño) es que no debo haberlo hecho tan mal, aunque esta impresión también pudo deberse a la amabilidad del público colombiano. Pero, tan pronto como bajo del "escenario" en el que me encontraba, José Maria se acerca a mí y me muestra un verdadero entusiasmo. Intenta instigarme a publicar las reflexiones en Colombia. Sin embargo, no me veo en condiciones de hacerlo, por lo que surge la idea de escribir un artículo a cuatro manos.

Mas José María no se conforma con un artículo; en pocos meses, me entrega lo que ya es un verdadero libro. Yo lo leo y percibo que ya no me será posible mejorarlo. Cada frase, cada referencia bibliográfica que el lector encontrará en el estudio que sigue provienen de la pluma de José María. Por otra parte, la estructura fundamental del análisis, el ejemplo y algunos argumentos encuentran su origen en mi conferencia. Si esta división de tareas, concretamente, si mi contribución es suficiente para justificar que yo me atribuya la calidad de coautor de la obra en su conjunto, no lo sé bien. Si escribir un libro fuera un delito, se tendría que reconocer que no hubo intervención mía en la "fase ejecutiva"; un defensor más estricto de la teoría del dominio del hecho (en los términos de lo propuesto por Roxin[2], y aquí seguido por Schünemann y por mí[3]) diría, por lo tanto, que me falta el dominio funcional del hecho y que, con ello, soy solo partícipe. Lo que me parece importante destacar es que fue José María quien elevó mis primeras reflexiones, que se entendían como provisionales ya por su propia oralidad, al nivel de lo escrito, de lo reflexionado y, con ello, de lo permanente. Y sé muy bien que no he intervenido en la fase ejecutiva de la redacción, modificando o complementando el texto que me presentó José María, porque, en realidad, con mi intervención, el

1 *Schünemann/Greco, Leipziger Kommentar zum Strafgesetzbuch*, vol. 2, 13a ed., (Berlim: DeGruyter, 2021), § 28.

2 *Roxin*, Strafrecht, *Allgemeiner Teil*, vol. 2, (München: Beck, 2006), § 25 nm. 198 e ss.

3 *Schünemann/Greco, Leipziger Kommentar zum Strafgesetzbuch*, § 25 nm. 205 e ss.

libro no habría ganado en contenido, salvo quizás tan solo en extensión, a expensas de la comprensibilidad.

No puedo negar que reconozco como propio lo que construyó José María, aunque simplemente eso ya importa poco. José María ha elaborado argumentos que, ya sea de Greco o de Peláez Mejía, merecen ser tomados en cuenta y sin duda enriquecerán el debate colombiano.

Quiero felicitar a José María Peláez Mejía por este nuevo y hermoso trabajo, y agradecer a la Universidad Libre, tanto a la sede de Bogotá (representada por Vadith Orlando Gómez) como a la sucursal de Cúcuta, por haber creado el contexto en el cual esta reflexión pudo florecer – una prueba viva de la fecundidad del intercambio académico internacional; así como a la editorial Tirant Lo Blanch, por su decidido y crucial apoyo para que este trabajo encuentre la difusión que merece.

Berlín, 9 de febrero de 2024.
LUÍS GRECO

EL “INTERVINIENTE” EN EL CÓDIGO PENAL COLOMBIANO[1]

1. Introducción e identificación de los problemas jurídicos[2]

Los denominados delitos especiales[3] son aquellos que exigen alguna calidad particular para el “sujeto activo” de la conducta punible. De esta manera, mientras que en los delitos comunes, como el *Homicidio,* el *Hurto* o las distintas formas de *Violación,* la acción típica puede ser realizada por cualquier ser humano (al requerirse únicamente de un “sujeto activo indeterminado” descrito mediante las fórmulas lingüísticas de “el que” o “quien”), existen también delitos especiales como los *Peculados,* el *Prevaricato,* el *Incesto* o la *Violencia intrafamiliar* que exigen de ciertas condiciones particulares para que alguien y solo alguien pueda ser considerado autor del

---

1 La redacción de la presente investigación, como se explica en la siguiente nota a pie de página, fue realizada, desarrollando las ideas y tesis del profesor Luis Greco por José María Peláez Mejía quien es Doctor en Derecho de la Universidad Libre de Colombia y Magister en Derecho Penal y Filosofía del Derecho y Teoría Jurídica de la misma Universidad. Profesor Asociado y Docente Investigador de la Universidad Libre de Cúcuta. Correo electrónico: josem.pelaezm@unilibre.edu.co. Número Orcid: 0000-0002-9377-5272..

2 El presente libro es resultado del proyecto de investigación financiado por la Universidad Libre de Colombia denominado *Las garantías convencionales y constitucionales del derecho penal y procesal penal* y constituye **la aplicación de las ideas y tesis del profesor *Luis Greco*** catedrático de Derecho Penal de la Universidad Humboldt de Berlín (Alemania) que fueron expuestas en su conferencia presencial el día 12 de agosto de 2022 en el XIV Seminario y IV Congreso Internacional de Derecho Penal y Filosofía del Derecho organizado por la Universidad Libre de Bogotá, así como de las reflexiones que aparecen en sus artículos y libros científicos. Sin embargo, cualquier yerro en la interpretación o aplicación de su doctrina para la solución de los problemas jurídicos aquí planteados constituye plena responsabilidad de quien escribe esta breve monografía. Así mismo, se aclara que, al momento de realizar la toma de postura dentro de esta investigación, aun cuando se siguen en buena medida las ideas expuestas por el profesor *Greco* en su conferencia, me he tomado varias libertades argumentativas de cuyos errores y aciertos soy el único responsable, por ejemplo, la utilización de la teoría de *Schünemann* para fundamentar la postura aquí esgrimida. Finalmente, se aclara que, en el caso de la bibliografía alemana, esta fue consultada en español cuando existe dicha traducción, aunque a pie de página se utilizó la forma de citación alemana para lograr una ubicación más exacta de la tesis que sea referenciada.

3 *Roxin/Greco*, AT, 5ª [PG I], §10, nm. 124 ss.

mismo (por cuanto preceptúan un exclusivo "sujeto activo calificado o determinado" con expresiones tales como "el servidor público", "el juez", "la madre", etc., entre otras).

Entonces, es allí, en los delitos especiales[4] y particularmente en los delitos llamados de "infracción del deber"[5], en donde surge la problemática acerca de qué título o calificación jurídica debería imputársele a quienes intervienen en el suceso punible cuando, teniendo dominio del hecho, carecen de las calidades especiales exigidas por el tipo penal[6]: ¿autores?, o ¿partícipes?, frente a lo cual Colombia

---

4 *Roxin/Greco*, AT, 5ª [PG I], §10, nm. 129, señalan que los delitos especiales pueden ser "propios" o "impropios" si, en el primer caso, la condición especial exigida para el sujeto activo constituye el fundamento de la pena sin que exista correspondencia con un delito común que opere como remanente (así, por ejemplo, el artículo 413 del CP colombiano, al consagrar el delito de *Prevaricato por acción* exige para la punición de tal comportamiento, entre otras condiciones, que se trate de un servidor público en ejercicio de sus funciones sin que exista otro tipo penal similar al cual remitir la imputación jurídica si el sujeto activo carece de tal condición). En cambio, se habla de delitos especiales "impropios" si la cualificación apenas opera como fundamento para agravar la pena (por ejemplo, el *Peculado por apropiación* previsto en el artículo 397 del CP colombiano al exigir de un servidor público con competencia funcional para disponer de bienes del estado. Sin embargo, si el sujeto activo carece de tales condiciones especiales, se imputará un delito común Vgr., el *Hurto,* art. 239 del CP o el de *Abuso de confianza,* art. 249 según el caso. Igualmente, podría pensarse en punibles como la *Privación ilegal de la libertad,* art. 174, que permite atribuir el *Secuestro simple,* art. 168, si el sujeto activo no es un servidor público).

5 *Roxin,* AT, 1ª [PG II], clasifica los delitos especiales en: **(a)** delitos de infracción del deber en §25, nm. 267 ss., definidos como aquellos en los que lo decisivo para el legislador no lo constituye la realización de una particular conducta, sino el incumplimiento de un específico deber pretípico; y **(b)** delitos de propia mano en §25, nm. 288 ss, llegando a distinguir tres grupos de casos: (i) delitos ligados a la conducta (ej., el incesto); (ii) los delitos de derecho penal de autor (ej., el proxenetismo); y (iii) delitos de infracción de deberes altamente personales (ej., el falso testimonio).

6 En aquellos tipos penales llamados delitos de dominio –siguiente la terminología de Roxin– las reglas de atribución presentan menos inconvenientes, operando las siguientes reglas para Colombia: **(i)** quienes intervienen *tan solo* en la **fase preparativa** del delito principal (por ejemplo, de un *Homicidio* o un *Hurto*) únicamente se pueden calificar como determinadores o cómplices de dicha conducta punible (aunque también podrían ser *autores* de otros punibles como el *Concierto para delinquir,* el *Porte ilegal de armas* o alguna forma de delito autónomo e independiente del central ante la criminalización del estadio previo que existe hoy en día); **(ii)** quienes intervienen en la **fase ejecutiva o consumativa** del delito principal podrán calificarse como: autores directos (si tienen dominio de la acción al ejecutar el verbo rector del delito), coautores (si tienen dominio de la función del hecho por actuar en dicha fase del delito mediante división del trabajo criminal, acuerdo previo y tratarse de aportes importantes

habría optado por ofrecer una solución legal a esta disyuntiva a través de la denominada cláusula del interviniente (art. 30, inc. 4, CP) aunque, paradójicamente y a pesar de las buenas intenciones, según veremos, haya resultado ser una figura normativa bastante problemática y poco clara.

Así la cosas, con la presente investigación se pretende dar una respuesta al siguiente problema jurídico-penal: ¿cuál es el significado y alcance del enunciado normativo establecido en el inciso número 4 del artículo 30 del Código Penal colombiano en el que se consagra la figura del "interviniente"? Para hacerlo, a su vez, será necesario solucionar otros tres problemas jurídicos derivados: **(i)** ¿qué significado tiene el "interviniente"?; **(ii)** ¿qué son las "calidades especiales exigidas por el tipo penal" como uno de los presupuestos normativos para la aplicación del "interviniente"?; y **(iii)** ¿de qué manera y en qué casos deberá aplicarse la rebaja de pena prevista en el inciso 4 del artículo 30 del CP?

Por lo tanto, para dar solución a tales interrogantes se utilizará como metodología de exposición la siguiente: en primer lugar, se expondrá un caso modelo que ilustre la problemática anteriormente referida y las tres posibilidades interpretativas que ofrece el análisis del artículo mencionado; en segundo lugar, se realizará una síntesis de las diversas posturas doctrinales elaboradas al respecto; en tercer lugar, se elaborará una breve descripción de las líneas jurisprudenciales defendidas por la Corte Suprema de Justicia, Sala de Casación Penal y la Corte Constitucional; y, finalmente, se pasará a exponer la tesis interpretativa que se defenderá en esta investigación del correspondiente artículo 30, inciso 4, del Código Penal, mediante la enunciación de una respuesta argumentada de cada uno de los problemas jurídicos anunciados.

---

para la realización o consumación del hecho) cómplices (si han contribuido a la realización del hecho, mediante acuerdo previo o concomitante al punible, pero su aporte no resulta trascedente a la realización o consumación del delito) o autores mediatos (si poseen dominio de la voluntad del autor directo derivado de su utilización instrumental por hallarse en alguna forma de coacción o error relevantes o ser parte de un aparato organizado de poder); y **(iii)** quienes *solo* intervienen en la **fase posconsumativa o del denominado agotamiento del delito** podrán calificarse como cómplices (si existió acuerdo previo para que realizara la contribución posterior a la consumación del delito) o autores directos de alguno de los distintos delitos de *Encubrimiento* que existen en Colombia (Vgr. *Favorecimiento, Receptación,* etc., si **no** existió acuerdo previo a la fase posconsumativa del delito central).

2. *Representación del problema jurídico a través de un caso*

A continuación, se pasa a exponer un caso[7] que permite ilustrar la problemática descrita anteriormente:

> ***A*** *es jefe de una Estación de Policía y administra los fondos de dicho lugar. Entonces, decide dirigirse al Centro Comercial Andino en compañía de sus amigos B, C, D y E (particulares sin funciones públicas), donde, con la tarjeta bancaria de la comisaría, se compra un precioso reloj suizo por un valor de medio millón de dólares.*
>
> *Como A tiene prisa, él le entrega la tarjeta a* ***B****, a quien le pide que vaya a otra tienda y le compre un costoso celular iPhone.* ***B*** *lo hace pagando por él, 2000 dólares.*
>
> *A recuerda entonces que siempre ha querido un anillo de oro puro. Pero, como no desea que lo engañen, él se hace acompañar de* ***C****, que lo ayuda a negociar con un vendedor de una tienda especializada, siendo justamente* ***C*** *quien compra dos anillos: uno para A y uno para él mismo, haciendo uso de la tarjeta de la Estación de Policía, que le acabara de entregar A, por un valor de 300.000 dólares.*
>
> *A muestra con orgullo su reloj, su iPhone y su anillo a* ***D****, que es quien le había dado, en la mañana, la idea de hacer uso más frecuente de la tarjeta mágica, al decirle que "uno no debe ser el único tonto".*
>
> *Finalmente, A decide invitar a dichos amigos a una parrillada, para agradecerles por su compañía. Él va, junto con* ***E****, a un supermercado.* ***E*** *le ayuda a cargar las pesadas piezas de carne que compra – otra vez con la tarjeta de la Estación de policía por 500 dólares – desde el supermercado hasta su vehículo y de allí hasta la casa donde se realizaría el asado.*
>
> *Por supuesto, todos habrían actuado con dolo; esto es, con pleno conocimiento acerca de la procedencia estatal de los dineros y los distintos actos de apropiación, al igual que queriendo la ejecución de tales conductas.*

Así las cosas, con base en este caso, el problema jurídico en particular que deberá resolverse, frente al delito de *Peculado por apropia-*

---

[7] El caso fue elaborado por el profesor *Luis Greco* en su conferencia presencial el día 12 de agosto de 2022. Aquí, solamente, se reproduce con muy pequeñas variaciones.

ción[8], es el siguiente: ¿qué título de intervención deberá atribuírsele a los señores A, B, C, D y E?, esto es, ¿qué clase de autoría y/o participación les correspondería? Desde la perspectiva de los delitos de infracción del deber se calificarían así:

Al respecto, ninguna dificultad surge frente a la atribución que debe realizársele al señor **A** en calidad de **"autor directo"** puesto que **(i)** frente a la compra del reloj, los anillos y la carne, éste infringió directamente su deber de custodia de los bienes del Estado y **(ii)** así mismo cumplía a plenitud con las condiciones especiales que exigía el tipo penal: (a) la calidad de servidor público; y (b) la competencia funcional para disponer de los dineros de la Estación de policía. Además, se le podría sumar la ejecución personal del verbo rector; es decir, el *acto material* de "apropiación". No obstante, esto último, desde la teoría de los delitos de infracción del deber, sería irrelevante por cuanto en tales punibles lo que importa *no* es *quién* tiene el dominio del hecho o si ejecuta personalmente la conducta, sino *quién* tiene el deber jurídico extrapenal y si tal persona lo infringió o no.

Igualmente, frente a la compra del iPhone de última generación que materialmente realizó **B** (el *extraneus*) por inducción de **A** (el *intraneus* pero que, para ese momento, carecía de dominio del hecho[9])

---

8 El artículo 397 del CP (L. 599 de 2000) establece como requisitos del **tipo objetivo** del delito de *Peculado por apropiación* los siguientes: **(i)** un sujeto activo consistente en un "*servidor público*"; **(ii)** un objeto material concretado en bienes del estado o de empresas o instituciones en que éste tenga parte o de bienes o fondos parafiscales, o de bienes de particulares cuya administración, tenencia o custodia se le haya confiado; **(iii)** una conducta consistente en apropiarse de tales bienes en provecho suyo o de un tercero; **(iv)** un elemento normativo según el cual la conducta deberá realizarse *"por razón o con ocasión de sus funciones"*, lo que jurisprudencialmente se ha interpretado como la exigencia de *"competencia funcional o material para disponer de tales bienes"* (CSJ Rad. 54201 de 2020); y, finalmente, **(v)** la conducta deberá crear un riesgo jurídicamente desaprobado específico de *"detrimento injustificado del patrimonio estatal"* (CSJ Rad. 51142 de 2018), el cual deberá concretarse en el resultado típico (imputación objetiva). Con relación al **tipo subjetivo** los artículos 21 y 22 del CP exigen que el sujeto activo conozca los hechos constitutivos de la infracción penal y quiera su realización o que, por lo menos, prevea como probable el resultado típico y su no realización la deje librado al azar.

9 Una problemática distinta es cuando el *extraneus* instrumentaliza (por ejemplo, por error, coacción o una situación similar) al *intraneus*. En estos casos, *Roxin* considera *"perfectamente posible la participación en hechos principales no dolosos, porque aquí no es el dolo, sino el deber, el elemento distintivo determinante entre autoría y participación."* "Täterschaft un Tatherrschaft" ["Autoría y dominio del hecho"], 7ª Edición, §34, IV, 2, A, página 404 (de la edición en español, Marcial Pons, 2000). Por lo tanto, frente al delito especial de infracción de deber, el *ex-*

se le considerará, al último, como un verdadero **autor mediato**[10], por cuanto: en primer lugar, el *Peculado por apropiación* es un **"delito de infracción de deber"**[11] dado que, el fundamento de la autoría

---

traneus que instrumentaliza (el hombre de atrás) al *intraneus* será **inductor**, mientras que el sujeto activo calificado (el *intraneus*) será un **autor directo** (no responsable). Por supuesto, si se tratara de un "delito de dominio" la solución sería la de **autoría mediata,** pero como estamos en presencia de un "delito de infracción de deber" las estructuras de imputación cambian por completo al aceptarse los dos presupuestos o premisas de Roxin: **(i)** que para estos delitos *"únicamente la infracción del deber fundamenta la autoría"* y **(ii)** que la participación en dichos casos es de *"naturaleza secundaria"* o, en otras palabras, *"que no requiere más que intervención sin infracción de deber especial"*. Al respecto, *Stratenwerth,* AT, 4ª [PG I], §12/75, recuerda que *Welzel* propuso la posibilidad de castigar al *extraneus* como como instigador o cómplice (según el caso) lo cual no considera irrazonable (en casos de falta de culpabilidad, Vgr., por coacción). Sin embargo, ante un *intraneus* que, por ejemplo, actúa sin dolo (por error de tipo), la imposibilidad de renunciar a la accesoriedad limitada que exige de *"un hecho antijurídico cometido dolosamente"*, la solución sería *"un procedimiento inadmisible"*. En **Colombia,** *Suárez Sánchez,* por ejemplo, en "Autoría", Editorial Externado, Edición 2011, p. 512, plantea para estos casos la siguiente diferenciación: **(i)** en caso de delitos especiales propios, se configurará una autoría mediata del delito común (no del especial); y **(ii)** frente a los delitos especiales impropios una autoría directa de alguna forma de constreñimiento, vgr., delito de amenazas o delito de constreñimiento para delinquir en contra del *intraneus,* etc.

10 Así, *Roxin,* AT, 1ª [PG II], §25, nm. 272. También siguiendo la teoría de los delitos de infracción del deber pero atribuyendo, al parecer, **autoría directa** y no mediata: *Jakobs,* AT, 2ª, 21/116, quien afirma *"en estos casos, la relación del interviniente con el bien es siempre directa, es decir, sin mediación accesoria (...)"*. Otras soluciones ofrecidas por la doctrina en aquellos eventos en los cuales el *intraneus* induzca al *extraneus* a la comisión del punible, son: **(i)** la **impunidad** en caso de delitos especiales propios (Vgr. *Stratenwerth,* AT, 4ª [PG I], §12/40; *Maurach/Gössel/Zipf,* AT, [PG II], 48/57; *Otto,* AT, 7ª, §21/96; *Hilgendorf/Valerius,* AT, 2ª, §9/36); **(ii)** la **punición como coautores**, en razón de la *"competencia normativa de la decisión"* (*Frister,* AT, 4ª, 26/31, 32 y 33; 27/43); o **(iii)** la imputación de **"autoría directa"** y no mediata para el *intraneus,* si se trata de tipos penales que *"no describen una acción determinada del hecho, sino que, como el de la administración infiel (§266), conminan con pena* ***toda*** *infracción al deber especial"*(*Stratenwerth,* AT, 4ª [PG I], §12/40; también *Sánchez-Vera,* "Pflichtdelikt und Beteiligung", 1999, pp. 161 ss; *Maurach/Gössel/Zipf,* AT, [PG II], § 48/57; y, similar a esta solución aunque con mayores diferenciaciones y aceptación muy excepcional de autoría mediata, sería la posición de *Bockelmann/Volk,* AT, 4ª, §22, II, 2, dd, y 5, a y b).

11 De esta opinión, por ejemplo, *Rául Pariona, "El delito de peculado como delito de infracción de deber"*, 2011, https://www.academia.edu/32597781/El delito de peculado como delito de infraccion de deber. Mayores referencias, aunque de manera crítica, *Bernd Schünemann,* "Dominio sobre la vulnerabilidad del bien jurídico o infracción del deber en los delitos especiales", *Derecho PUCP,* n.º 81 (2018): 93-111. https://doi.org/10.18800/derechopucp.201802.003.

para este punible se encuentra–más allá de la simple apropiación de bienes del Estado–en el quiebre o violación de la *"la competencia funcional o material para disponer de tales bienes"*[12], siendo necesario constatar además que *"la disponibilidad sobre la cosa surja en dependencia del ejercicio de un deber de la función"*[13]. Y, en segundo lugar, porque en esta clase de delitos se considera **autor,** no a quien realiza materialmente la conducta descrita por el verbo rector en la ley penal, sino tan solo a quien infringe el deber específico del tipo que haya sido asignado a tal persona y que, en nuestro caso original, únicamente lo tenía el servidor público de la Estación de policía, identificado como **A**. Entonces, el *"intraneus sigue siendo autor también cuando recurre a colaboradores o compinches para la ejecución que no están vinculados por el deber (los llamados extranei) y que por eso no entran en consideración como autores"*[14].

Por lo tanto, la idea central de esta postura doctrinal es la siguiente: mientras que en los delitos de dominio (por ejemplo, el *Homicidio*) un sujeto es autor mediato únicamente si instrumentaliza a otro por coacción, error o una circunstancia similar que anule o permita el dominio de su voluntad, en *"los delitos de infracción de deber*

---

12 CSJ rad. 54201, 27 de mayo de 2020.

13 CSJ rad. 54201, 27 de mayo de 2020. En otras palabras, el *Peculado por apropiación* es un delito de infracción de deber porque su configuración requiere, necesariamente, de la violación de un deber extrapenal consistente en la obligación de salvaguardar el erario público (entre otros bienes jurídicos). En consecuencia, justamente por esa razón, es que tan solo será autor quien, además de tener la calidad de servidor público, posea disponibilidad material o jurídica de los bienes del Estado, siempre y cuando la obligación de protección del patrimonio público se encuentre vinculada *"al ejercicio de sus deberes funcionales que por razón de sus competencias los hac[e] garantes de los recursos públicos, elementos propios del punible de peculado."* (Vgr. CSJ rad. 52269, 20 de octubre de 2018; rad. 51444, 01 de julio de 2020)

14 *Roxin*, AT, 1ª [PG II], §25, nm. 271. De allí que *Roxin*, en un ejemplo similar, pero utilizando como tipo penal la *Administración desleal* considere que, nm. 276, *"si un administrador de un patrimonio hace caso omiso del papel asumido por él e inflige daños al titular del patrimonio, comete una administración o gestión desleal incluso en la hipótesis de que él no efectúe en persona la transacción que daña el patrimonio, sino que se sirva para ello de un extraneus al que v.gr. ha incitado a desviar los activos o valores patrimoniales. Comete el hecho 'a través de otro' en el sentido del §25 I y es autor mediato de una administración o gestión desleal, aunque desde la perspectiva del domino del hecho sería solo inductor"*. Así mismo, *"de modo análogo, sólo puede ser coautor quien como intraneus tiene el deber con otro y lo infringe con él. Si lo hace,* ***es coautor*** *incluso sin deber prestar una contribución esencial en la fase ejecutiva, que es decisiva en los delitos de dominio"* (nm. 272).

para la autoría mediata no se requiere de dominio del hecho. *Basta que el individuo que está sujeto a una relación de deber deje la ejecución de la acción a una persona que se encuentre al margen de la posición de deber que fundamenta la autoría"*[15].

---

15 *Roxin*, "Täterschaft un Tatherrschaft" ["Autoría y dominio del hecho"], 7ª Edición, §34, III, página 394 (de la edición en español, Marcial Pons, 2000). Son **seguidores** de esta teoría (aunque con ciertas variaciones), por ejemplo, los siguientes: *Jakobs*, AT, 2ª, 21/116 ss.; *Wessels/Beulke/Satzger*, AT, 46ª, §16, nm. 756; *Frister*, AT, 4ª, 26/31, 32 y 33; 27/43 (pero con una variación importante en la tesis de los delitos de infracción de deber pues, a pesar de que acepta la premisa según la cual es siempre "autor" el que infringe el deber pretípico especial exigido por el delito, sin importar que tenga o no dominio del hecho, considera, a diferencia de Roxin, que los casos en los cuales el *intraneus* induce al *extraneus* a la comisión directa de la acción *"quedan abarcados mejor por la coautoría"* y no por la "autoría mediata"); entre otros. En cambio, son **críticos** de esta tesis: *Stratenwerth*, AT, 4ª [PG I], §12/40 (por cuanto se vulneraría el *"nullum crimen sine legel"*); *Jescheck/Weigend*, AT, 5ª, §61 V 1, nota 30 y §62 II 7 (quien considera que, en vez de acudir a la teoría de la infracción de deber, es posible hablar de un *"dominio del hecho normativo-psicológico"*); *Maurach/Gössel/Zipf*, AT, [PG II], 47/90, 91 (al no existir diferencia entre delitos de dominio y de infracción de deber, dado que todo delito implica siempre la lesión a *"un deber previo a la ley al tipo"*); *Otto*, AT, 7ª, §21/93-96; entre otros. En **Colombia** las posturas doctrinales sobre la teoría de los "delitos de infracción del deber" se encuentra igualmente dividida así: **(i)** serían **seguidores** *Grosso García*, "El concepto de delito en el Código Penal. Una propuesta de interpretación desde el sistema de la teoría del delito", (Editorial Ibáñez, 2007), 208; Gómez López, *Tratado de Derecho Penal, Tomo III, Doctrina y Ley*, (2005), 951-952; *Ferré Olivé/Núñez Paz/Ramírez Barbosa, Derecho Penal colombiano. Parte general. Principios fundamentales y sistema*, (Grupo Editorial Ibáñez, 2010), 529-531; *Salazar Marín*, "Autor y partícipe en el injusto penal", (Editorial Ibáñez, 2011), 190 y ss; *Fernández Carrasquilla*, Derecho penal, parte general. Teoría del delito y de la pena, vol. 2, (Editorial Ibáñez, 2012), 922-925; *Arias Lozano, Los delitos de infracción de deber. Incidencia en la autoría y participación. Propuesta para el examen de los 'delitos especiales'*, (Leyer, 2022); *Araque Moreno, Derecho penal. Introducción y fundamentos de imputación de responsabilidad penal*, (Editorial Ibáñez, 2018), 445-446; en cambio, de forma meramente **descriptiva,** *Peláez/Quintero, Esquemas del delito. Requisitos para la existencia de una conducta punible*, (Tirant lo Blanch, 2022), 1517-1522 y **(ii)** serían **críticos** *Suárez Sánchez*, "Autoría", Editorial Externado, (por considerar que se vulnera el principio de legalidad –entre otras garantías jurídicas– al desconocer que el delito se realiza únicamente si, además de incumplirse con el deber pretípico, se cumplen la restantes condiciones exigidas por el tipo penal, lo cual parecería serle de mucha importancia a Roxin, según este autor); *Torres Tópega*, "Autoría en los delitos de infracción de deber" en *Derecho Penal y Criminología*, No 77, Universidad Externado de Colombia, p. 97 (quien aduce razones de justicia material para descartar estar postura teórica ante la posibilidad de que un simple cooperador sin dominio del hecho, por la sola infracción de su deber pretípico, sea condenado como "autor" mientras el verdadero dominador de la acción punible, al ser un *ex-*

Sin embargo, mediante la presente investigación el punto central de interés y que ejemplifica el caso anterior, no se encuentra en el título de imputación de quien sí cumple las calidades especiales exigidas por el tipo penal (aunque sobre ello también ser harán algunas referencias que, según veremos, resultan necesarias para la coherencia sistemática de la propuesta), sino, por el contrario, en la calificación jurídica que habrá de atribuírsele al *extraneus* frente a la cláusula normativa que, en Colombia, ha contemplado el artículo 30, inciso 4, del Código Penal.

En consecuencia, el interrogante concreto a resolver para este caso sería: ¿qué calificación jurídica – a nivel de autoría o participación – deberá asignarse a los señores B, C, D y E?

Utilizando las reglas dogmáticas generales mayoritariamente aceptadas para distinguir los "autores" de los "partícipes" y surgidas desde la concepción teórica del "dominio del hecho" (en cualquiera de sus versiones), es posible, sin mayores dificultades, interpretar y aplicar los artículos 29 y 30 del CP colombiano mediante la siguiente atribución jurídica del título de intervención de 2 de los 4 *extraneus*, esto es, los señores ***D*** y ***E***, así: ***D*** sería un partícipe con la calidad de determinador, por cuanto su intervención en el hecho se habría limitado a la inducción de ***A*** para que él efectuara el correspondiente *Peculado por apropiación*. A esta conclusión se puede llegar sin ninguna clase de esfuerzo dogmático o interpretativo que implique la necesidad de acudir a construcciones teóricas como la de los "delitos de infracción de deber", dado que fácilmente se encuentra la solución mencionada, utilizando, inclusive, las reglas tradicionales de la teoría del dominio del hecho o el sentido literal del art. 30, inciso 2, del CP, puesto que, según tal enunciado y teoría, **(i)** el partícipe no debe cumplir las calidades especiales exigidas por el tipo penal, pues ello solo se exige del autor (es decir, de quien *realiza* la conducta típica

traneus, se le condene apenas como "cómplice"); *Velásquez Velásquez,* "Derecho Penal, parte general", (Comlibros, 2009), 896 (el cual, aun cuando expresamente no se refiere a esta teoría y además agrupa inapropiadamente las distintas visiones de *Roxin* y de *Jescheck/Weigend* en una sola refiriéndose a la figura de *"autoría mediata con instrumento doloso carente de calificación"*, considera que en nuestra legislación no resulta posible *"inventar semejante construcción que repugna a los principios que limitan el ejercicio de la potestad punitiva del Estado"*); *Hernández Esquivel/Díaz Soto/Gómez Pavaejau,* "Autoría y participación", en "Lecciones de Derecho Penal. Parte general", Universidad Externado, Edición 2019, p. 374 (establece algunas reservas frente a dicha teoría. Sin embargo, en la p. 398, parece aceptarla).

o verbo rector) y **(ii)** al haberse limitado su actuación a la exclusiva implantación de la idea criminal en ***A***, sin ninguna otra intervención, ***D*** carecería, materialmente, de cualquier forma de dominio sobre la acción de **A**, sobre su voluntad o respecto de algún aporte funcional imprescindible para su ejecución o consumación. Pero, de utilizarse la tesis de los delitos de infracción del deber, también la calificación sería la señalada (***D*** como determinador del *Peculado*) aunque por razones distintas: en primer lugar, sería un partícipe por no tener radicado en su cabeza el deber extratípico que fundamentaría la atribución de "autoría" y, en segundo lugar, su participación habría sido justamente el "inducir" o "determinar" al *intraneus* para que realizara tal punible[16].

Así mismo, resulta relativamente fácil calificar la intervención de ***E*** en la versión original del caso. ¿Por qué? Porque su aporte al hecho sería el de una simple contribución al *Peculado por apropiación* cuyo rol, absolutamente insignificante y fungible, lo convertiría en un cómplice de tal conducta. Por ende, como para la complicidad (al igual que se dijo respecto del determinador – que es otra forma de "participación" y no de "autoría" –), no se exige que el sujeto cumpla las calidades especiales previstas por el tipo penal para el autor, su atribución jurídica sería evidente: un cómplice del delito especial.

No obstante, la problemática surge cuando existen personas que, sin tener las calidades particulares que exigen ciertos tipos penales, intervienen en el hecho con dominio (material) del mismo ya sea porque son ellos quienes, exclusivamente, realizan el verbo rector (dirigidos, por ejemplo, por el *intraneus,* teniendo así, según Roxin, un dominio de la acción) o porque efectúan un aporte fundamental al hecho que permite considerarlos como imprescindibles y muy importantes para la consumación de la conducta punible (lo que desde la perspectiva de tal corriente teórica se conocería como dominio funcional del hecho) o, en últimas, porque logran dominar la voluntad del *intraneus* al coartar o eliminar su libertad de acción. Entonces, en esos casos, ¿qué calificación debería dárseles a dichas personas que aun cumplen ciertas condiciones para ser autores –el dominio del hecho–, carecen al tiempo de otras fundamentales para ser sujetos activos del delito –las calidades específicas exigidas por tipos penales especiales–? El tema es complejo y las respuestas han sido tan variadas como autores se hayan referido a él.

---

16 *Roxin*, AT, 1ª [PG II], §26, nm. 269.

Por lo tanto, es posible afirmar que, en el ejemplo hipotético aquí planteado, la verdadera dificultad la encontraríamos con la participación de los *extraneus* ***B*** y ***C*** por cuanto, el primero, habría sido quien, sin intervención de ***A*** en la fase ejecutiva del punible (aunque sí por su inducción), realizó la "acción típica" de apropiarse de dineros del Estado. Y, con relación al segundo, porque la contribución de ***C*** sería de tal importancia y realizada en la fase ejecutiva del delito que, inevitablemente, tendríamos que considerarlo un co-realizador del hecho (dado el dominio que tuvo de la función asignada) al haber negociado la compra del anillo de oro para ***A*** e inclusive comprarse uno para sí.

Sin embargo, como ni ***B,*** ni ***C*** tenían las calidades de servidores públicos con competencia funcional para disponer de tales bienes del estado, aun cuando tuvieran (materialmente) el dominio del hecho resultaría imposible atribuirles la calidad de autores (en cualquiera de sus formas). ¿Qué hacer entonces sí, desde un punto de vista material, al dominar el hecho típico son "autores", pero, desde la perspectiva del principio de legalidad **no** pueden serlo por no cumplir las exigencias previstas para la atribución de autoría en el delito especial?

Dogmáticamente se han ideado varias soluciones y más adelante ofreceremos una respuesta que ampliará la tesis del dominio del hecho desde la idea de control de protección del bien jurídico de Schünemann. No obstante, el profesor Roxin, a partir del análisis de los delitos de infracción de deber, ha construido una influyente teoría (esbozada en precedencia) según la cual todo *extraneus* que interviene en el hecho, aun cuando tenga el dominio de este, al no poseer el "deber" especial que fundamentaría su autoría, únicamente podrá ser juzgado como "cómplice" y **no** como "coautor", "autor directo" o "autor mediato". En consecuencia, no constituirán factores relevantes para atribuir "autoría" en estos casos **(i)** el dominio del hecho y **(ii)** la importancia del aporte. Por ende, tan solo interesaría verificar si su intervención consistió en una "contribución" al hecho (esencial o no) o en una "inducción" a la comisión de la conducta punible. En el primer caso, la imputación será a título de cómplice y, en el segundo caso, a título de inductor o determinador.

Pero, a nivel legal, también podría imaginarse la creación de una "figura autónoma". Algo así, como una clase de intervención que cabalgue entre dos mundos: la participación y la autoría asignándosele a tan singular institución una pena diferente.

En este orden de ideas, la cláusula colombiana del "interviniente" prevista en el artículo 30, inciso 4, puede ser pensada e interpretada de formas diversas. Por ejemplo, considerarla, simplemente, como un precepto de atenuación punitiva aplicable a todas o algunas de las figuras tradicionales de autoría y participación en cuyo caso dicho artículo no serviría para determinar la clase de calificación jurídica que debería imponerse a quien intervenga en el hecho sin cumplir las condiciones exigidas por el delito especial, sino tan solo para atenuar la pena a tales personas *luego* de realizar la correspondiente atribución de autoría o participación (para lo cual tendría que tenerse una teoría al respecto).

Empero, otra opción sería considerar que el "interviniente" no es una norma de punibilidad, sino de *calificación jurídica independiente.* Esto es, que en realidad el artículo 30, inciso 4, lo que quiso hacer fue crear una tercera institución dogmática para delitos especiales a la que llamó "el interviniente". Y si ello fuera así, la consecuencia jurídica sería que todo aquel que no teniendo las calidades especiales exigidas en el tipo penal concurra en su realización deberá ser calificado no como autor, no como partícipe sino de una forma distinta: como "interviniente" (un híbrido que combina aspectos de dos mundos: la participación y la autoría).

A pesar de estas hipótesis, aún es posible pensar en otras 2 opciones: **(i)** clasificar al "interviniente" como una cuarta forma de autoría (al lado del autor directo, autor mediato y del coautor); o **(ii)** clasificar al "interviniente" como una tercera forma de participación (además del determinador y del cómplice). Aun así, quizás las tres hermenéuticas más plausibles son las siguientes:

<table>
<tr><th colspan="3">ENUNCIADO NORMATIVO</th></tr>
<tr><td colspan="3">L.599/2000.
ARTÍCULO 30. PARTICIPES. Son partícipes el determinador y el cómplice.
Quien determine a otro a realizar la conducta antijurídica incurrirá en la pena prevista para la infracción.
Quien contribuya a la realización de la conducta antijurídica o preste una ayuda posterior, por concierto previo o concomitante a la misma, incurrirá en la pena prevista para la correspondiente infracción disminuida de una sexta parte a la mitad.
Al interviniente que no teniendo las calidades especiales exigidas en el tipo penal concurra en su realización, se le rebajará la pena en una cuarta parte.</td></tr>
<tr><th colspan="3">INTERPRETACIONES MÁS PLAUSIBLES QUE RESPONDEN LA PREGUNTA: ¿Qué es el “interviniente”?</th></tr>
<tr><td>1. Se trata de un participe no calificado.
Por lo tanto, el art. 30, inciso 4 del CP, tan solo aplica (como rebaja punitiva) para quienes sean partícipes según el art. 30, incisos 1, 2 y 3.</td><td>2. Se trata de una cláusula aplicable para todo interviniente o persona que intervenga en la realización del delito (inclusive el cuasi-autor y cuasi-coautor). Por lo tanto, el artículo 30, inciso 4, aplica (como rebaja punitiva) tanto para quienes sean cuasi-autores como para partícipes, a la luz de los artículos 29 y 30 del CP.</td><td>3. Se trata de una cláusula aplicable tan solo para el cuasi-coautor. Es decir, para el coautor en delito especial que no cumpla con las condiciones especiales exigidas por el tipo penal. En consecuencia, el artículo 30, inciso 4 (como rebaja punitiva), únicamente aplicaría para quienes siendo cuasi-autores a la luz del artículo 29, inciso 2, del CP no cumplan con las condiciones especiales exigidas por el tipo penal.</td></tr>
<tr><th colspan="3">APLICACIONES AL CASO</th></tr>
<tr><td>Tan solo aplicaría la rebaja punitiva para D y E por cuanto ellos serían los únicos que no tendrían la calidad de autores, ni coautores, ni cuasi-coautores, sino que serían tan solo unos partícipes bajo la calidad de determinador y cómplice respectivamente.</td><td>La rebaja de la pena aplicaría a todos los intervinientes no calificado: B (que sería un cuasi-autor directo o, desde la perspectiva de Roxin un cómplice por no tener asignado el deber pretípico fundamentador de la autoría), C (que sería un cuasi-coautor[17] o, igualmente, desde la visión de Roxin un cómplice por no tener asignado el deber pretípico fundamentador de la autoría), D (que, inclusive, desde la teoría del dominio del hecho se calificaría como un determinador) y E (que, también, desde la perspectiva mayoritaria mencionada podría considerarse un cómplice por carecer del dominio del hecho dada la insustancialidad de su aporte).</td><td>Tan solo aplicaría la rebaja punitiva para C por tratarse del único coautor de delito especial no calificado.</td></tr>
</table>

17 El nombre *cuasi-coautor* fue ideado por el profesor *Luis Greco* en la conferencia presencial el día 12 de agosto de 2022 ya mencionada.

Ahora bien, en torno a la pregunta por cuál de las tres posturas resulta la correcta, tal resolución la abordaremos en el acápite IV de la presente investigación.

Sin embargo, antes de culminar de esta sección pasaremos a sintetizar las distintas problemáticas que pueden llegar a presentarse en los delitos especiales ante la concurrencia *extraneus* e *intraneus* (siendo una solución general para algunos autores en los *delitos especiales impropios,* la posibilidad de atribuir el *delito común* a quienes intervengan en el hecho para evitar la impunidad o toda dificultad dogmática):

DELITO ESPECIAL	
Formas de intervención	**Posibilidades de calificación**
1. El *intraneus* induce a otro *intraneus*. **Ejemplo:** un policía A induce a otro B, ambos custodios de bienes incautados en desarrollo de sus funciones, a apoderarse de dos celulares, lo que material y efectivamente hace este último (delito de *Peculado por apropiación,* art. 397).	• Si se tratara de un delito común "A" sería un *determinador* y "B" un *autor directo.* Sin embargo, al tratarse de un delito especial, la clave se encuentra, desde la teoría de los delitos de infracción del deber de Roxin, en establecer *quién tiene el deber* y *quién lo infringe* y **no** quién posee el dominio del hecho en cualquiera de sus formas[18]. Por lo tanto, en este caso tanto "A" como "B" serían **coautores** al co-infringir[19] el deber, siendo irrelevante que "B" tuviera el dominio de la acción y "A" careciera de cualquier forma tradicional de dominio del hecho por haberse encargado tan solo de inducir al segundo a realizar hecho. • En Colombia, Suárez Sánchez considera que el *intraneus* que induce es un **determinador** y el *intraneus* que ejecuta es un **autor directo** en atención a la teoría del dominio del hecho[20].
2. El *intraneus* instrumentaliza a otro *intraneus.* **Ejemplo:** un policía A instrumentaliza mediante insuperable coacción a otro policía B, ambos custodios de bienes incautados en desarrollo de sus funciones, para que se apodere de dos celulares, lo que material y efectivamente hace este último por el constreñimiento del cual es víctima (delito de *Peculado por apropiación,* art. 397).	• La solución desde la teoría de los delitos de infracción del deber de Roxin sería la misma del anterior caso porque ambos (A y B) estarían co-infringiendo el deber especial que tenían ellos como servidores públicos encargados de la custodia de tales bienes. En consecuencia, se deberían calificar como **coautores.** • En Colombia, en cambio, se propone por parte de Suárez Sánchez la **autoría mediata**[21] dado que utiliza como concepto clave el "dominio del hecho".

18 En general: *Roxin*, "Täterschaft un Tatherrschaft" ["Autoría y dominio del hecho"], 7ª Edición, §34, III (de la edición en español, Marcial Pons, 2000)

19 *Roxin*, AT, 1ª [PG II], §25, nm. 272, *"(...) solo puede ser coautor quien como intraneus tiene el deber con otro y lo infringe con él. Si lo hace, es coautor (...)"*

20 *Suárez Sánchez,* "Autoría", Editorial Externado, 2011, 536.

21 *Suárez Sánchez,* "Autoría", Editorial Externado, 2011, 513.

3. El *intraneus* contribuye de manera previa o posterior con otro *intraneus* o en fase ejecutiva, pero mediante aporte no esencial, desde un punto de vista material, al delito. **Ejemplo:** un policía B quiere apoderarse de unos bienes incautados hace algunos días y respecto de los cuales se ha encargado su custodia. Sin embargo, como son muchos los bienes que desea llevarse le piden prestado al otro policía custodio de los bienes A, que le preste su camión un día antes de la comisión del delito para poderlo realizar más fácilmente y, a cambio de ello, le dará parte del botín. La ejecución material del hecho es realizada por B, aunque gracias a la ayuda que previamente le prestó A el día anterior al suministrar el vehículo mencionado (delito de *Peculado por apropiación,* art. 397).	• En los delitos comunes la contribución previa al hecho, justamente por carecer de dominio de la acción y de cualquier otra clase, se considera mera complicidad. Por esta misma razón, los partidarios de una teoría del dominio del hecho, extensible a toda conducta punible, justificarían la imputación de cómplice al *intraneus* A. No obstante, desde la perspectiva de los delitos de infracción del deber, ambos serán juzgados como **coautores**[22] de tal conducta punible. ¿Por qué? Porque a pesar de que uno de los policías carecía de dominio del hecho, ambos infringieron su deber atinente al cuidado del patrimonio del estado o de bienes de particulares puestos en su custodia, siendo irrelevante que "A" apenas brindara una contribución previa a la fase ejecutiva del delito y el otro fuera el que, materialmente, dispusiera de los bienes. • En Colombia, Suárez Sánchez considera que el *intraneus* que contribuye es un **cómplice** y el *intraneus* que ejecuta es un **autor directo** en atención a la teoría del dominio del hecho[23]

22 *Roxin*, AT, 1ª [PG II], §25, nm. 272, *"Si lo hace, es coautor incluso sin deber prestar una contribución esencial en la fase ejecutiva, que es decisiva en los delitos de dominio".*

23 *Suárez Sánchez,* "Autoría", Editorial Externado, Edición 2011, p. 536.

4. El *intraneus* co-realiza el hecho con otro *intraneus*. **Ejemplo:** en un Tribunal en el cual la sentencia debe ser firmada por tres magistrados (A, B y C), se ponen de acuerdo en la confección de una sentencia manifiestamente contraria a derecho, la cual profieren y firman en un día determinado (delito de *Prevaricato por acción*, art. 413).	• Desde cualquier perspectiva es viable reconocer la **coautoría**. No obstante, Roxin realiza las siguientes precisiones[24] frente a delitos infracción del deber: **(i)** si se trata de *"un mismo y único deber"* y es co-infringido, sin importar quiéen de los dos *intraneus* tiene o no el dominio del hecho, es posible imputar la **coautoría**; **(ii)** si se trata de deberes individuales (por ejemplo, dos personas que deben alimentos a un niño de forma independiente), su infracción del deber genera **autoría accesoria** (diríamos, mejor, son dos autores directos independientes); **(iii)** en aquellos casos en los cuales existen deberes de cumplimiento mutuo (es decir, asuntos confiados a varias personas a la vez, como la vigilancia de un prisionero por múltiples custodios) será posible imputar la **coautoría** si existe acuerdo común para la infracción del deber; y **(iv)** si en la correalización del hecho infractor del deber interviene un *extraneus* todas las anteriores hipótesis no interesan, pues ese extraño será un cómplice y nada más (sin importar que tenga o no dominio del hecho). • En Colombia, Suárez Sánchez[25] acepta la **coautoría** en esta hipótesis.

24 *Roxin*, "Täterschaft un Tatherrschaft" ["Autoría y dominio del hecho"], 7ª Edición, §34, III, página 391 (de la edición en español, Marcial Pons, 2000).

25 *Suárez Sánchez,* "Autoría", Editorial Externado, 2011, 519.

5. El *intraneus* induce a un *extraneus*. **Ejemplo:** sería el caso planteado en esta investigación, cuando el policía A (el servidor público que tiene la competencia funcional para administrar los dineros públicos de la estación de policía) indujo o determinó a B a comprar un iPhone de 2000 dólares. Es decir, lo indujo a realizar la conducta de "apropiación" de los dineros del Estado (delito de *Peculado por apropiación,* art. 397).	• Desde la teoría de los delitos de infracción de deber el *intraneus* será siempre autor (aun cuando no tenga dominio del hecho, como ocurre en este caso que su acción consiste tan solo en determinar al sujeto B plenamente responsable). Por lo tanto, se califica al *intraneus* como **autor mediato** y al *extraneus* como **cómplice**[26].

26 *Roxin*, AT, 1ª [PG II], §25, nm. 272. Sin embargo, también se ha acudido por otros doctrinantes a la tesis del "instrumento doloso no cualificado" buscando compatibilizarla con la *teoría del dominio del hecho* mediante modificaciones de esta de la siguiente manera: por ejemplo, se habla de un "dominio social del hecho" (*Welzel*, StrafR, §15, III.3), "dominio normativo" (*Gallas,* citado por Welzel) o de un "dominio normativo-psicológico del hecho" (*Jescheck/Weigend,* AT, 5ª, §61 V 1, nota 30 y §62 II 7) lo cual permite afirmar que el hombre de atrás sigue teniendo el mencionado dominio del hecho y ser autor porque **(i)** posee en sus manos la decisión de realizar el delito y **(ii)** tiene la cualificación especial exigida. Así las cosas, desde estas visiones *ampliadas* del dominio del hecho la *calificación del título de intervención* del *intraneus* que induce al *extraneus* es la misma que hace Roxin, pero por otra vía: autor mediato y cómplice respectivamente, porque el *dominio del hecho* surge de la "calificación especial" del "hombre de atrás" según tales autores, mientras que para Roxin ese *dominio del hecho* **no existe** y por ello es que es necesario construir *otra* teoría que permita explicar y fundamentar la atribución de autoría a tales personas, encontrándola en la infracción del deber extrapenal por parte del sujeto especialmente obligado.

	• Otras soluciones que ofrece la doctrina son: **(i)** la impunidad[27]; **(ii)** la coautoría[28]; o **(iii)** la autoría directa[29] si se trata de tipos penales que no describen una acción determinada del hecho. • En Colombia, Suárez Sánchez descarta la autoría mediata y propone las siguientes hipótesis de solución[30]: **(i)** desde un punto de vista dogmático, aunque rechazable a nivel político-criminal, en *delitos especiales propios* la conducta del *intraneus* —determinador el hecho— ha de quedar impune porque el *extraneus*–ejecutor material de la acción–no puede ser autor directo y acorde el principio de accesoriedad, sin autor no hay partícipe, no pudiéndose tampoco atribuir *autoría* al *intraneus* porque éste carecería de toda forma de dominio del hecho; **(ii)** sin embargo, agrega el autor, desde una perspectiva satisfactoria a nivel político-criminal, la salida sería utilizar el artículo 25 del CP y atribuir al *intraneus* la calidad de *autor por omisión* y al *extraneus* la de un partícipe (cómplice)[31]; y **(iii)** en los *delitos especiales impropios* se reconducirá la atribución al delito común imputando al antiguo *intraneus* como determinador y al otrora *extraneus* como autor directo del punible común.

27 *Stratenwerth,* AT, 4ª [PG I], §12/40; *Maurach/Gössel/Zipf,* AT, [PG II], 48/57; *Otto,* AT, 7ª, §21/96; *Hilgendorf/Valerius,* AT, 2ª, §9/36.

28 *Frister,* AT, 4ª, 26/31, 32 y 33; 27/43.

29 *Stratenwerth,* AT, 4ª [PG I], §12/40; también *Sánchez-Vera,* "Pflichtdelikt und Beteiligung", 1999, pp. 161 ss; *Maurach/Gössel/Zipf,* AT, [PG II], § 48/57; y, similar a esta solución, aunque con mayores diferenciaciones y aceptación muy excepcional de autoría mediata, sería la posición de *Bockelmann/Volk,* AT, 4ª, §22, II, 2, dd, y 5, a y b).

30 *Suárez Sánchez,* "Autoría", 516.

31 *Ibidem,* 519.

6. El *intraneus* instrumentaliza a un *extraneus*. **Ejemplo:** se puede utilizar el mismo caso anterior, pero quitándole responsabilidad penal al autor directo, Vgr., porque no tenga dolo por error de tipo. Entonces, se podría pensar en que el particular B que compra el iPhone se encuentra convencido que lo hace con dinero privado del policía A y no con bienes del Estado (delito de *Peculado por apropiación*, art. 397).	• Desde la teoría de los delitos de infracción de deber el *intraneus* será siempre autor (aun cuando no tenga dominio del hecho), mientras que el *extraneus* sería un cómplice. Entonces, aunque es claro que aquí el *intraneus* por la instrumentalización sí tendría el dominio del hecho, el argumento determinante para imputarle **autoría mediata** a tal persona será la infracción de su deber especial, al valerse de un *extraneus* como objeto para la ejecución de parte del delito. Dicho *extraneus*, a su vez, será un **cómplice** (no responsable)[32]. • Esta también es la tesis en Colombia de Suárez Sánchez[33] por razones diferentes relacionadas con el dominio del hecho. Así mismo, prefiere llamar al *extraneus* un "instrumento"[34] sin encasillarlo en la figura del cómplice. • Otra solución doctrinal es la siguiente: como el *intraneus* carece de dominio del hecho la solución es la impunidad[35], pues el deber extratípico no puede llegar a fundamentar punibilidad[36].

32 Si bien Roxin ha elaborado ejemplos en los que el *intraneus* **induce** al *extraneus* o en los que el *extraneus* **instrumentaliza** al *intraneus*, y **NO** uno en el cual se dé esta hipótesis de un *intraneus* **instrumentalizando** al *extraneus* para que ejecute la acción típica, es posible utilizar el mismo argumento general de dice así: *"(...) en los delitos de infracción de deber para la autoría mediata no se requiere el dominio del hecho. Basta que el individuo que está sujeto a una relación de deber deje la ejecución de la acción a una persona que se encuentre al margen de la posición de deber que fundamenta la autoría. Así pues, la coautoría y la autoría mediata se distinguen en los delitos de infracción de deber –de nuevo en contraposición a los delitos de dominio– sólo en que en el primer caso cooperan para alcanzar el resultado varios obligados, y en el segundo intraneus y extraneus"*. La cita se extrae de: *Roxin*, "Täterschaft un Tatherrschaft" ["Autoría y dominio del hecho"], 7ª Edición, §34, III, página 394 (de la edición en español, Marcial Pons, 2000).

33 *Suárez Sánchez,* "Autoría", 513 y 515.

34 *Ibidem*, 521.

35 *Maurach/Gössel/Zipf,* AT, [PG II], 48/57.

36 *Maurach/Gössel/Zipf,* AT, [PG II], 48/58.

7. El *intraneus* contribuye de manera previa con un *extraneus*. **Ejemplo:** A en su calidad de servidor público le entrega los planos del edificio de su oficina y la llave electrónica a B con la cual este puede acceder a los dineros del estado que custodia el primero. En la fase ejecutiva del delito únicamente participa B, mientras que A tan solo lo hace en la fase preparativa (un día antes cuando le dio plano y tarjeta electrónica) y luego de consumado el apoderamiento de dinero al recibir su botín (delito de *Peculado por apropiación,* art. 397).	• Desde la teoría de infracción del deber, aun cuando el *intraneus* carece de dominio del hecho y realiza una mera contribución al mismo, responderá como **autor mediato** y el *extraneus* como **cómplice**, por cuanto el primero deja *"la ejecución de la acción a una persona que se encuentra al margen de la posición de deber que fundamenta la autoría"*[37] y el segundo es solo una persona que realiza una *"intervención sin infracción de deber especial"*[38]. • En Colombia, Suárez Sánchez descarta la autoría mediata y propone las siguientes hipótesis de solución[39]: **(i)** desde un punto de vista dogmático, aunque rechazable a nivel político-criminal, en *delitos especiales propios* la conducta del *intraneus* —cómplice del hecho— ha de quedar impune porque el *extraneus* —ejecutor material de la acción— no puede ser autor directo y acorde el principio de accesoriedad, sin autor no hay partícipe, no pudiéndose tampoco atribuir *autoría* al *intraneus* porque éste carecería de toda forma de dominio del hecho; **(ii)** sin embargo, agrega el autor, desde una perspectiva satisfactoria a nivel político-criminal, la salida sería utilizar el artículo 25 del CP y atribuir al *intraneus* la calidad de *autor por omisión* y al *extraneus* la de un partícipe (cómplice)[40]; y **(iii)** en los *delitos especiales impropios* se reconducirá la atribución al delito común imputando al antiguo *intraneus* como cómplice y al otrora *extraneus* como autor directo del punible común.

37 *Roxin*, "Täterschaft un Tatherrschaft" ["Autoría y dominio del hecho"], 7ª Edición, §34, III, página 394 (de la edición en español, Marcial Pons, 2000).

38 Igualmente, no se encuentra un ejemplo exacto para esta hipótesis en los manuales de Roxin, pero se extrae la solución a partir de sus argumentos generales. La cita aparece en: *Roxin*, "Täterschaft un Tatherrschaft" ["Autoría y dominio del hecho"], 7ª Edición, §34, III, página 401 (de la edición en español, Marcial Pons, 2000).

39 *Suárez Sánchez,* "Autoría", 516.

40 *Ibidem*, 519.

8. El *extraneus* induce a un *intraneus.* **Ejemplo:** A es un abogado que tiene clientes de mucho dinero. Entonces, le dice a B, un juez, que tome una decisión contraria a derecho la cual favorezca a su cliente millonario C y, si lo hace, le darán 500 mil dólares. B, el juez, en efecto lo realiza (delito de *Prevaricato por acción,* art. 413).	• Aun si se tratara de un delito común o utilizando la teoría de los delitos de infracción del deber para este delito especial, los resultados son los mismos: el *extraneus* aquí será un determinador o inductor y el *intraneus* un autor. Las razones, sin embargo, son diferentes. En un delito común Roxin utilizaría el dominio del hecho para explicar dicha imputación, en cambio, en delitos especiales habría de señalar que solo "B" infringió el deber y por eso es el **autor directo,** mientras que "A", como *extraneus,* sería apenas un **determinador.**[41] • En Colombia, Suárez Sánchez[42] acepta tal imputación de *determinador* (para el *extraneus*) y *autor directo* (para el *intraneus*) en esta hipótesis, aunque en atención a la tesis del dominio del hecho. Así mismo, considera que a tal *determinador* se le debe conceder la rebaja de ¼ prevista para el *interviniente* (art. 30, inc. 4 del CP)[43].

41 *Roxin,* AT, 1ª [PG II], §26, nm. 168.

42 *Suárez Sánchez,* "Autoría", 519.

43 *Ibidem,* 535.

9. El *extraneus* instrumentaliza a un *intraneus*. **Ejemplo:** el particular A, haciéndose pasar por un abogado en un proceso laboral, engaña a un juez B para que expida un título judicial a su favor con el ánimo de poder cobrarlo y quedarse con el dinero. Así pues, el juez B, convencido de que A es el abogado real, entrega el millonario título a tal persona (delito de *Peculado por apropiación*, art. 397).	• Desde la teoría de los delitos de infracción del deber el *extraneus* es un **inductor** mientras que el *intraneus* un **autor directo** (no responsable)[44]. Por supuesto, si en vez de un delito de infracción del deber fuera uno de dominio la solución sería la autoría mediata. • En Colombia, Suárez Sánchez ofrece como solución la diferenciación de hipótesis así[45]: **(a)** en caso de delitos especiales propios, se configurará una **autoría mediata** del delito común (no del especial); y **(b)** frente a los delitos especiales impropios una **autoría directa** de alguna forma de constreñimiento, Vgr., delito de amenazas o delito de constreñimiento para delinquir en contra del *intraneus*, etc.

44 *Roxin*, "Täterschaft un Tatherrschaft" ["Autoría y dominio del hecho"], 7ª Edición, §34, IV, 2, A, página 404 (de la edición en español, Marcial Pons, 2000); y *Stratenwerth*, AT, 4ª [PG I], §12/75, citando a *Welzel* lo considera una solución plausible, aunque, finalmente, la descarta por el principio de accesoriedad en casos de atipicidad subjetiva por error de tipo invencible. En **Colombia,** *Suárez Sánchez,* por ejemplo, en "Autoría", 499, critica esta solución y en general la tesis de los "delitos de infracción del deber" porque se llega al absurdo de tener un delito con *"partícipe sin la concurrencia de la autoría"* pues el *extraneus* no es autor al carecer de las condiciones especiales para serlo y el *intraneus* puede llegar a no tener dominio del hecho, justamente, por la instrumentalización que le efectúa el otro. Esto, por supuesto, según lo sostiene dicho doctrinante, viola claramente el *principio de accesoriedad limitada* que Colombia consagra.

45 *Suárez Sánchez,* por ejemplo, en "Autoría", 512

10. El *extraneus* contribuye de manera previa con un *intraneus*. **Ejemplo:** A es un amigo de B quien tiene la calidad de servidor público. Entonces, A le presta una camioneta a B un día antes del apoderamiento del dinero para que éste pueda llevarse una buena cantidad del capital del estado que éste custodia (delito de *Peculado por apropiación,* art. 397).	• Aun si se tratara de un delito común o utilizando la teoría de los delitos de infracción del deber para este delito especial, los resultados serían los mismos: el *extraneus* se debería calificar como **cómplice**[46] y el *intraneus* como **autor directo,** aunque por razones distintas: en la teoría de infracción del deber el *extraneus,* por no tener asignada una obligación especial, nunca podrá ser autor, en cambio, en la teoría del dominio del hecho, la razón se encuentra en la carencia, justamente, de ese dominio de la acción por su intervención únicamente en la fase preparativa del delito. • En Colombia, Suárez Sánchez[47] acepta tal imputación de *cómplice* (para el *extraneus*) y *autor directo* (para el *intraneus*) en esta hipótesis, aunque en atención a la tesis del dominio del hecho. Así mismo, considera que a tal *cómplice* se le debe conceder la rebaja de ¼ prevista para el *interviniente* (art. 30, inc. 4 del CP) y la de una sexta parte a la mitad establecida para el cómplice (art. 30, inc. 3 del CP).

46 *Roxin,* AT, 1ª [PG II], §25, nm. 272 y §26, nm. 284.
47 *Suárez Sánchez,* "Autoría", 519.

El *extraneus* co-ejecuta el delito con el *intraneus*. **Ejemplo:** A es un abogado (un particular) que, junto con B, un juez, constriñen a C para que le entregue un dinero al último con el objetivo de lograr obtener un fallo favorable, habiendo sido determinante la intervención de A en el punible dada la credibilidad que éste tenía ante C. El delito que se estudiaría aquí es la *Concusión* (art. 404 del CP).	Si se tratara de un delito de dominio (por ejemplo, una *Extorsión*, art. 244 del CP, o un *Constreñimiento ilegal*, art. 182 del CP) la solución sería simple: A y B serían coautores al haberse distribuido las funciones verbales de persuasión y constreñimiento. Sin embargo, desde la teoría de los delitos de infracción del deber de Roxin A sería un **cómplice** y B **un autor directo**[48]. En Colombia, Suárez Sánchez[49] acepta tal imputación de *cómplice* (para el *extraneus*[50]) y *autor directo* (para el *intraneus*) en esta hipótesis, aunque en atención a la tesis del dominio del hecho. Así mismo, considera que a tal *cómplice* se le debe conceder la rebaja de ¼ prevista para el *interviniente* (art. 30, inc. 4 del CP) y la de una sexta parte a la mitad establecida para el cómplice (art. 30, inc. 3 del CP).

48 Explica Roxin que: *"solo puede ser coautor quien como intraneus tiene el deber con otro y lo infringe con él. Si lo hace, es coautor incluso sin deber prestar una contribución esencial en la fase ejecutiva, que es decisiva en los delitos de dominio. (...) Por otro lado, alguien que presta una contribución esencial en la ejecución de las acciones dañosas para el patrimonio puede ser, sin embargo, sólo cómplice o cooperador si, como extraneus, no tiene deber de ocuparse del patrimonio".* *Roxin*, AT, 1ª [PG II], §25, nm. 272.

49 *Suárez Sánchez,* "Autoría", 519 y 520.

50 De ahí que afirme, *ibidem*, 519, que el *extraneus* cuya *"ayuda la presta en el momento de la realización de la acción típica, con independencia de su importancia y necesidad, pudiendo ser en lo causal cualitativa y cuantitativamente superior a la del intraneus,* ***será solo partícipe****."*

3. *Posturas doctrinales que resuelven el caso y los problemas jurídicos subyacentes*

Primer problema jurídico: ¿qué significado tiene el "interviniente"? Para Suárez Sánchez, Díaz y García Conlledo[51], Torres Tópaga[52], Reyes Alvarado[53], Araque Moreno[54], Ferre Olivé/Núñez Paz/Ramírez Barbosa[55], Hernández Esquivel/Díaz Soto/Gómez Pavajeu[56], Salazar Marín[57], Pabón Parra[58] y Córdoba Angulo[59], el "interviniente" es un "copartícipe" que por carecer de las calidades especiales exigidas en el tipo penal merece un tratamiento punitivo diferente o, en otras palabras, se trataría, sencillamente, de una cláusula de rebaja punitiva creada por el legislador colombiano, en evidente inspiración del apartado I §28 StGB[60] (Código Penal Alemán), exclusivamente para el determinador o inductor y el cómplice de un delito que constituyen

---

51 *Díaz y García Conlledo*, "La problemática de la codelincuencia en el Código penal colombiano", *Derecho Penal y Criminología,* n° 77, 2005, 50.

52 *Torres Tópaga,* "Autoría en los delitos de infracción de deber", *Derecho Penal y Criminología,* n.° 77, 2005, p. 96.

53 *Reyes Alvarado,* "Relaciones entre autor e inductor en la jurisprudencia colombiana", en *Estudios penales. Homenaje a Bernardo Gaitán Mahecha.* (Bogotá: Legis, 2005), 533.

54 *Araque Moreno,* "Derecho penal. Introducción y fundamentos de imputación de responsabilidad penal", (Editorial Ibáñez, 2018), 466.

55 *Ferre Olivé, Núñez Paz y Ramírez Barbosa,* "Derecho penal colombiano parte general. Principios fundamentales y sistema", (Editorial Ibáñez, 2010), 530.

56 *Hernández Esquivel, Díaz Soto y Gómez Pavajeu,* "Autoría y participación", en *Lecciones de Derecho Penal, parte general.* (Editorial Universidad Externado, 2019), 400 y ss.

57 *Salazar Marín,* "Panorama de derecho penal. Concepción dialéctica del derecho penal. Volumen Segundo", (Editorial Ibáñez, 2017), 261-262.

58 *Pabón Parra,* "Manual de derecho penal. Tomo I. Parte General". (Ediciones Doctrina y Ley, 2011), 438.

59 *Córdoba Angulo,* "La figura del interviniente en el derecho penal colombiano", *Derecho Penal y Criminología,* n.° 75, 2004, 93.

60 StGB § 28 "***Besondere persönliche Merkmale (1)*** *Fehlen besondere persönliche Merkmale (§ 14 Abs. 1), welche die Strafbarkeit des Täters begründen, beim Teilnehmer (Anstifter oder Gehilfe), so ist dessen Strafe nach § 49 Abs. 1 zu mildern.* ***(2)*** *Bestimmt das Gesetz, daß besondere persönliche Merkmale die Strafe schärfen, mildern oder ausschließen, so gilt das nur für den Beteiligten (Täter oder Teilnehmer), bei dem sie vorliegen".* Traducción de Díaz y García Conlledo: "***Características personales especiales. (1)*** *Si faltan en el partícipe (inductor –determinador– o cómplice) características personales especiales (§ 14 ap. 17) que fundamentan la punibilidad del autor, se atenuará su pena conforme al § 49 apartado 1.* ***(2)*** *Si la ley establece que características personales especiales agravan, atenúan o excluyen la pena, ello vale sólo para el interviniente (autor o partícipe) en el que concurran".*

los únicos dos partícipes admitidos por la Ley 599 de 2000. De esta manera, para tales doctrinantes, la regla del inciso final del artículo 30 del CP no contiene una norma de disminución de la pena que se haga extensible a la autoría en cualquiera de sus modalidades, ni constituye tampoco una tercera forma de participación[61] y mucho menos otra clase de autoría adicional a las previstas en el artículo 29 de la ley penal ya citada, sino que se trataría tan solo de una regla que permite atenuar la pena a los partícipes no cualificados de un delito. Adicionalmente[62], no se trataría de un fenómeno de "comunicabilidad de las circunstancias" previsto en una disposición legal diferente; el art. 62 del CP.

Por lo tanto, según Suárez Sánchez, acorde esta perspectiva, el "interviniente no cualificado" tendría las siguientes características[63]: **(i)** únicamente se podría aplicar para los delitos especiales; **(ii)** se trataría de un partícipe pero que carece de las calidades especiales exigidas por el tipo penal, razón por la cual recibe ese nombre: "interviniente no cualificado", lo que trae como consecuencia que el autor, determinador o cómplice que sí cumplan las condiciones exigidas por el delito nunca puedan beneficiarse de la disminución prevista en el artículo 30, inciso 4, del CP; **(iii)** el interviniente podría participar en cualquier fase del delito e inclusive con posterioridad a este en los casos de complicidad consistente en prestar *"una ayuda posterior, por concierto previo o concomitante"* a la realización de la conducta antijurídica; y **(iv)** la responsabilidad del interviniente será la de un partícipe.

Así las cosas, para este autor, se derivan dos consecuencias importantes de considerar al "interviniente"[64] de esa forma: la primera, consiste en reafirmar el principio de unidad de la imputación, impidiéndose, de esta manera, romper la calificación jurídica como ocurría con el anterior Código Penal colombiano (el Decreto-Ley 100 de 1980) y acorde el cual se atribuía para el *intraneus* el delito especial

---

61 Aunque *Muñoz García*, "Fundamentos para una interpretación alternativa de la cláusula del interviniente según la teoría de los delitos especiales" *Derecho Penal y Criminología,* n. ° 106, 2019, 47, pareciera en algunas ocasiones acoger esta tesis, en otros lugar insinúa que el "interviniente" es un **tercera forma** de participación, principalmente, cuando dice que *"el interviniente termina siendo una de las formas de participación accesorias previstas en el artículo 30, junto con el determinador y el cómplice".*

62 Así: *Díaz y García Conlledo, La problemática de la codelincuencia en el Código penal colombiano*, 57.

63 *Suárez Sánchez* en "Autoría", 523 y ss.

64 *Ibidem*, 525.

como autor del mismo y al *extraneus* que concurriera a su realización, igualmente, la autoría pero de un delito común y no del especial. Por el contrario, al aceptar que el "interviniente" es un partícipe que puede aparecer en cualquier fase de la conducta punible *"el delito es uno solo: el especial del cual el intraneus es autor y el extraneus, partícipe"*[65]. En esto también coincide Muñoz García quien considera que el "interviniente" es una figura sistemáticamente adecuada porque se protege con ella la unidad del título de imputación cuya ruptura no resulta deseable porque, siguiendo a Roxin a quien cita a pie de página, ello *"sería incompatible con el fundamento del castigo de la participación, si este se concibe desde la perspectiva de una teoría de la causación orientada a la accesoriedad que ataca el bien jurídico"*[66].

Adicionalmente, esto permite, como segunda consecuencia, en perspectiva de Suárez Sánchez, materializar un sistema diferenciado de autor puesto que se tomaría el "interviniente" como una cláusula de referencia para atenuar la pena del partícipe. Por lo tanto, no se agregarían nuevos modelos de autoría ni de participación y, principalmente, se respetarían las consecuencias de asumir un modelo diferenciador de autor al aceptarse *"que de ninguna manera al cómplice o determinador se le pueda tener como autor"*, concluyendo que el "interviniente" es un partícipe y no un autor precisamente por la insuficiencia de considerar la mera aportación causal al delito como fundamento para dicha calificación en delitos especiales.

Por último, Suárez Sánchez considera que el interviniente no puede ser autor directo, ni mediato, ni tampoco coautor por las siguientes razones: **(i)** un autor directo es aquel que, no solo realiza la acción típica, sino, además, en los delitos especiales, quien reúne las calidades particulares que exige el tipo penal. Por lo tanto, jamás un interviniente podría ser un autor directo pues una de tales condiciones (las calidades especiales) no concurrirían en dicha persona, sin importar lo relevante que fuera el aporte causal objetivo al delito. Aceptadas estas premisas, concluye el profesor colombiano, el interviniente únicamente podrá ser un partícipe (determinador o cómplice)[67]; **(ii)** a todo este argumento, le agrega la deducción que se soporta desde la denomina-

---

65 *Ibidem*, 525.

66 *Muñoz García,* "Fundamentos para una interpretación alternativa de la cláusula del interviniente según la teoría de los delitos especiales", *Derecho Penal y Criminología,* n.° 106, 2019, 36.

67 *Ibidem*, 528.

da interpretación sistemática[68]; es decir, la conclusión a la cual se llega luego de ver la ubicación[69] de la figura del interviniente: en la disposición jurídica de la "participación" (art. 30 del CP) y no de la "autoría" (art. 29 del CP)[70]; **(iii)** también destaca Suárez Sánchez que si el legislador hubiera tenido la intención de extender el concepto de autoría a quien no tuviese las calidades especiales exigidas por el tipo penal lo habría hecho explícitamente, así como lo realizó mediante la cláusula jurídica del "actuar por otro o en lugar de otro"[71], incluida en el inciso 3 del artículo 29[72] del CP y la cual permite imputar autoría a quien *no* tiene las calidades necesarias y particulares exigidas en el tipo penal pero que actúa en *representación* de otra persona (natural o jurídica) la que sí posee tales condiciones especiales requeridas por el delito[73]; **(iv)** la extensión del último inciso del artículo 30 del CP a cualquiera de las figuras de autoría del artículo 29 implicaría una interpretación extensiva que violaría el principio de estricta legalidad, sin que sea correcto aplicar la figura del "actuar por otro" al "interviniente" para así considerarlo alguna clase de "autor" porque esta tan solo aplica para casos en los cuales una persona representa a otra y su utilización es

---

68 Así también *Muñoz García*, "Fundamentos para una interpretación alternativa de la cláusula del interviniente según la teoría de los delitos especiales", 36.

69 También de este argumento: *Díaz y García Conlledo*, "La problemática de la codelincuencia en el Código penal colombiano", 50.

70 *Suárez Sánchez* en "Autoría", Editorial Externado, Edición 2011, p. 528.

71 En el mismo sentido, *Muñoz García*, "Fundamentos para una interpretación alternativa de la cláusula del interviniente según la teoría de los delitos especiales", 36 y *Díaz y García Conlledo*, "La problemática de la codelincuencia en el Código penal colombiano", 77.

72 Dice el enunciado normativo: *"También es autor quien actúa como miembro u órgano de representación autorizado o de hecho de una persona jurídica, de un ente colectivo sin tal atributo, o de una persona natural cuya representación voluntaria se detente, y realiza la conducta punible, aunque los elementos especiales que fundamentan la penalidad de la figura punible respectiva no concurran en él, pero sí en la persona o ente colectivo representado."* Esta figura se presenta, por ejemplo, cuando el gerente de una empresa que es deudora de un individuo u otra empresa logra que la persona jurídica a la cual representa se alce con sus bienes o los oculte o cometa cualquier otro fraude para perjudicar a aquél. Así pues, como el delito de *Alzamiento de bienes* previsto en el artículo 253 del CP exige que el delito lo cometa el *deudor*, en principio, el gerente, al no tener dicha calidad, le sería imposible realizar tal conducta punible como "autor" y la persona jurídica, a su vez, tampoco podría hacerlo porque en Colombia los entes jurídicos no pueden ser sujetos activos de ningún delito. No obstante, gracias a la figura mencionada del *"actuar en lugar de otro"* es posible imputarle al gerente de la empresa deudora el título de "autor" del delito de *Alzamiento de bienes.*

73 *Suárez Sánchez* en "Autoría", 529

completamente autónoma y especial[74]; **(v)** así mismo, es equivocado, según Suárez Sánchez, considerar el "interviniente" un "autor mediato" porque este último también debe cumplir las calidades especiales exigidas por el tipo penal y ello es precisamente lo que le hace falta al "interviniente", por lo tanto *"si el extraño utiliza como instrumento al intraneus, no responderá como autor ni como partícipe de delito especial si el intraneus obra de modo no típicamente antijurídico"*[75] ya que esto último sería justamente lo que la instrumentalización requeriría para la aplicación de la figura de la autoría mediata, al menos, en algunas de sus hipótesis; **(vi)** sería ilógico que, si en gracia de discusión, se considerara el "interviniente" una cláusula normativa de extensión de la "autoría mediata" debiera rebajársele la pena en una cuarta pena cuando, precisamente, lo mismo es lo que hace el artículo 29, inciso tercero, del CP en la figura del *"actuar en lugar de otro"* sin que se efectúe ningún tipo de rebaja punitiva[76]; y **(vii)** finalmente, Suárez Sánchez señala que tampoco el "interviniente" puede ser un "coautor" por los mismos argumentos que le imposibilitan ser considerado un "autor directo"[77], agregando que ante la co-realización del hecho punible por parte de *extraneus* e *intraneus* habrá de solucionarse así: en casos de delitos especiales *propios* el "interviniente" será un "cómplice" y en los *impropios* "autor directo" de delito común y, al tiempo, cómplice del delito especial pero que, en virtud de la prohibición de *non bis in idem,* será necesario atribuirle al *extraneus* una sola forma de intervención: la de cómplice de delito especial para así proteger el principio de la unidad de imputación del injusto[78].

Con base en las anteriores consideraciones Suárez Sánchez termina concluyendo que el "interviniente" es un "partícipe"; es decir, un "determinador" o un "cómplice" que interviene en el hecho sin tener las calidades especiales exigidas por el tipo penal. De esta manera, la calificación de los casos deberá ser esta:

---

74 *Ibidem*, 531.

75 *Ibidem*, 532.

76 *Ibidem*, 532.

77 Al respecto, en el mismo sentido, agrega *Muñoz García,* "Fundamentos para una interpretación alternativa de la cláusula del interviniente según la teoría de los delitos especiales", 36, lo siguiente: *"desde el punto de vista normativo, no se le puede dar una condición a alguien que no la tiene, como sería darle la calidad de "coautor interviniente" mediante criterios naturalísticos o propios del dominio del hecho, a un particular que no posee la exigencia advertida por el tipo penal especial".*

78 *Ibidem*, 533.

> *- Que el extraneus determine al intraneus a la realización de un delito especial. En este caso el cualificado es el autor de delito especial y el extraño determinador del mismo (...).*
>
> *- Que el extraneus realice de manera mancomunada el delito especial con un intraneus. En tal caso el cualificado es autor de delito especial y el extraño cómplice del mismo (...).*
>
> *- Que el extraneus le contribuye al intraneus a la realización de delito especial en fase preparatoria o posterior. La solución de este caso es idéntica a la del inmediatamente posterior.*
>
> *- Que el intraneus determine o le contribuya a otro intraneus en la realización de delito especial. En este caso, el primero es determinador o cómplice en el delito realizado a título de autor por el segundo (...)*[79].

De forma similar, Muñoz García[80] piensa que el "interviniente" es una cláusula de referencia que únicamente aplica al "partícipe no cualificado" (determinador o cómplice) agregando dos precisiones: **(i)** si no se acoge la teoría de los delitos de infracción del deber quien tenga las calidades especiales exigidas por el tipo penal puede ser autor o partícipe de delito especial según su rol y no se vería beneficiado de la rebaja del artículo 30, inciso 4, del CP y si carece de tales calidades *siempre* será un partícipe, sin importar que tenga o no dominio del hecho, y deberá asignársele la atenuación punitiva mencionada. **(ii)** Por el contrario, de acogerse la teoría de los delitos de infracción de deber, es necesario comprender que, sin importar el rol que tenga el sujeto, en caso de poseer las calidades especiales exigidas por el tipo penal tendrá la calidad de autor y si no las tiene siempre partícipe, lo que justificará que a este último se le aplique en toda ocasión la rebaja del artículo 30, inciso 4, del CP, siendo está posición la que también asume Fernández Carrasquilla al afirmar que *"los no calificados solo pueden ser partícipes y su punición se ofrece en Colombia bajo el régimen de atenuación obligatoria"*[81].

---

79 *Ibidem*, 535-536.

80 *Muñoz García*, "Fundamentos para una interpretación alternativa de la cláusula del interviniente según la teoría de los delitos especiales", 47.

81 *Fernández Carrasquilla*, "Derecho penal, parte general. Teoría del delito y de la pena. Vol. 2. Dispositivos amplificadores, concurso y pena", (Editorial Ibáñez, 2012), 925.

En cambio, Márquez Cárdenas[82] y Grosso García[83] considera, que la figura del interviniente sería aplicable tanto a los partícipes (determinador y cómplice) como al coautor no cualificado. Velásquez Velásquez[84] la restringiría al determinador y al coautor no calificado excluyendo, por el contrario, al cómplice.

También plantea una postura diferente Arias Holguín[85], pues ella considera que **(i)** *"el inciso final del artículo 30, solo es aplicable a los casos de intervención de extranei en los de delitos especiales impropios, en la medida en que la participación de los extranei en los delitos especiales propios no es punible";* y **(ii)** en los delitos especiales impropios los partícipes intraneus son posibles y ello implica que no les aplique la rebaja punitiva del artículo 30, inciso 4, del CP.

Segundo problema jurídico: ¿qué son las "calidades especiales exigidas por el tipo penal" como uno de los presupuestos normativos para la aplicación del "interviniente"?

Al respecto, Suárez Sánchez[86], al igual que Díaz y García Conlledo[87] y Torres Tópaga[88], consideran que dichas "calidades especiales" hacen referencia a los elementos del "tipo de injusto" y no a requisitos especiales de la culpabilidad o exigidas para la punibilidad de un delito. En cambio, otros autores, por ejemplo, Márquez Cárdenas parece extender tales requisitos, inclusive, a los que tienen como fundamento una menor culpabilidad lo que ocurre, ejemplificativamente, en el delito de *Infanticidio atenuado* del artículo 108 del CP. Por lo tanto, dice este autor, si *"la madre luego de haber dado luz a la criatura, de común acuerdo con la abuela del infante, deciden matarlo, madre y abuela toman de pies y menos al niño y lo sumergen en la bañera hasta ahogarlo (...)"* se deberá imputar a la abuela, es decir, *"al extraño la conducta especial a título de coautor interviniente o*

---

82 *Márquez Cárdenas,* "La coautoría: delitos comunes y especiales", *Revista Diálogos de Saberes*, 2008, 43 y ss.

83 *Grosso García,* "El concepto del delito en el Código Penal. Una propuesta de interpretación desde el sistema de la teoría del delito", 208.

84 *Velásquez Velásquez,* "Derecho penal, parte general", 932.

85 *Arias Holguín,* "Consideraciones críticas sobre la recepción en Colombia de la "teoría de los delitos de infracción del deber", *Revista de Derecho Penal Contemporáneo*, N.° 15, 2006.

86 *Ibidem*, 524.

87 *Díaz y García Conlledo,* "La problemática de la codelincuencia en el Código penal colombiano", Op. Cit., 65 y ss.

88 *Torres Tópaga,* "Autoría en los delitos de infracción de deber", en *Derecho Penal y Criminología*, n.° 77, 2005, 101.

partícipe interviniente, conforme las prescripciones contempladas en el artículo 30, inciso final"[89].

En general, Velásquez Velásquez considera que la disposición jurídica

> *se refiere no solo a la realización de la conducta típica por un agente que detenta un oficio, condición o situación determinada, sino a la llevada a cabo por el sujeto que tiene las posibilidades de hacerlo de forma directa y personal*[90].

Lo que implica que la cláusula del interviniente aplique tanto a delitos especiales como de propia mano y a los delitos de intención[91].

Por el contrario, Londoño Mesa[92] considera que el "interviniente" es un "coautor no calificado" dado que su introducción en el ordenamiento jurídico se realizó con el objeto de hacer posible la autoría de quien no cumple las calidades especiales del tipo penal; calidades que no restringe a ninguna tipología en particular. En consecuencia, no tendría sentido aplicar la figura del "interviniente" a los partícipes porque ellos, por su propia estructura dogmática, no requieren cumplir con las calidades especiales del tipo penal.

Tercer problema jurídico: ¿de qué manera y en qué casos deberá aplicarse la rebaja de pena prevista en el inciso 4 del artículo 30 del CP?

Según se anunció al resolver el primer problema jurídico, tanto Suárez Sánchez[93] como Díaz y García Conlledo, Muñoz García[94], Ferre Olivé/Núñez Paz/Ramírez Barbosa[95], Hernández Esquivel/Díaz Soto/

---

89 *Márquez Cárdenas*, "La coautoría: delitos comunes y especiales", *Revista Diálogos de Saberes*, 2008, 38-39.

90 *Velásquez Velásquez,* "Derecho penal, parte general", 931.

91 *Ibidem*, 935.

92 *Londoño Mesa,* "Concurso de personas en la conducta punible", en: *Derecho penal, parte general*. 2011, 586.

93 *Suárez Sánchez* en "Autoría", 524 y 535-536.

94 *Muñoz García,* "Fundamentos para una interpretación alternativa de la cláusula del interviniente según la teoría de los delitos especiales", 47 y ss.

95 *Ferre Olivé, Núñez Paz y Ramírez Barbosa,* "Derecho penal colombiano parte general. Principios fundamentales y sistema", 530.

Gómez Pavajeu[96], Salazar Marín[97], Pabón Parra[98], Arias Lozano[99] y Córdoba Angulo[100] consideran que la rebaja de la pena opera únicamente para el determinador y el cómplice y, por lo tanto, en el caso de la complicidad, ello implicaría una doble rebaja; esto es, a la pena del cómplice (cuya disminución autónoma implica la disminución *"de una sexta parte a la mitad"*) se le rebajaría a su vez ¼ de tal sanción.

Ahora bien, el argumento que subyace a ambos autores para soportar la rebaja especial del "interviniente" es el principio de igualdad, entendido como tratamiento desigual para quienes no son iguales, puesto que:

> *quien participa en un delito común (y que podría realizar como autor) se sitúa en una posición accesoria de la del autor, digamos que ésa es su diferencia en cuanto a acceso al injusto (en el cómplice, además, la menor importancia de su aportación, lo que justifica la rebaja de pena), mientras que el extraño que participa en un delito especial muestra un plus de distancia respecto al injusto especial y, por lo tanto, es perfectamente respetuoso con el principio de igualdad reconocerle una diferencia en su responsabilidad penal (que en el caso del cómplice debe sumarse a la rebaja por la menor importancia de su aportación)*[101].

No obstante, Díaz y García Conlledo considera que frente al "coautor" *extraneus* la situación se debe resolver así: si un extraño tiene dominio del hecho y co-realiza el delito especial con un *intraneus,* aquel no podrá ser "coautor", aunque se encuentra muy cercano. Por lo tanto, si el tema se resolviera con la legislación española se trataría como un cooperador necesario *"al que se aplicaría, en su*

---

96 *Hernández Esquivel, Díaz Soto y Gómez Pavajeu,* "Autoría y participación", en *Lecciones de Derecho Penal, parte general,* 400 y ss.

97 *Salazar Marín,* "Panorama de derecho penal. Concepción dialéctica del derecho penal. Volumen Segundo", 261-262.

98 *Pabón Parra,* "Manuel de derecho penal. Tomo I. Parte General", 438.

99 *Arias Lozano, Carlos Daniel,* "Los delitos de infracción del deber. Incidencia en la autoría y participación. Propuesta para el examen de los delitos especiales", 186 y ss. Al respecto, se observa que para soportar su postura utiliza la tesis de Claus Roxin, buscando su compatibilización con la figura del interviniente.

100 *Córdoba Angulo,* "La figura del interviniente en el derecho penal colombiano", 64 y 93.

101 *Díaz y García Conlledo,* "La problemática de la codelincuencia en el Código penal colombiano", Op. Cit., 67.

caso, la rebaja de pena (potestativa en España)"[102]. Sin embargo, en Colombia, dice este doctrinante,

> *el "coautor" extraneus de nuestro caso, que habrá de ser calificado de cómplice en Colombia, deberá recibir, con apoyo en el art. 61, párrafo cuarto in fine CP, la menor rebaja de pena en el marco del segundo párrafo del art 30 CP colombiano*[103].

En cambio, para Márquez Cárdenas[104] la rebaja de pena deberá hacerse extensible tanto a los partícipes como al coautor no calificado, lo cual coincide, parcialmente, con la postura de Gómez López[105], Torres Vásquez[106] y Velásquez Velásquez[107] quienes consideran que la figura del interviniente aplica únicamente para el *determinador* o *instigador* y el *coautor,* más no para el *cómplice* porque ello conllevaría una doble rebaja inadmisible desde el punto de vista del principio de proporcionalidad. Inclusive, el último autor mencionado asegura a pie de página que la doble rebaja para el cómplice es *"un absurdo dogmático"* porque no se puede ser a la vez cómplice e interviniente, ni tampoco asumir como cómplice a quien es autor, no siendo de recibo para él las interpretaciones *"apegadas a argumentos literales"* que *"pretenden que la ubicación de la figura en el art. 30 es definitiva"* lo que implicaría irrazonablemente que fuera *"más beneficioso desde el punto de vista punitivo ser cómplice de un tipo especial que de uno común"* lo cual se *"cae de su propio peso"*[108].

En cambio, Cristancho Ariza[109], luego de criticar las posturas esgrimidas por la Corte Suprema de Justicia, las cuales considera están llenas de la *"embriaguez del dominio del hecho"* aun cuando para los delitos de infracción del deber y los de propia mano debería necesariamente acudirse a criterios distintos, considera que

---

102 *Díaz y García Conlledo,* "La polémica jurisprudencia colombiana sobre el "interviniente" (la intervención de extranei en delitos especiales)",16. https://ficp.es/wp-content/uploads/2017/03/D%C3%ADaz-y-Garc%C3%ADa-Conlledo.-Ponencia.pdf.

103 *Ibidem*, p. 17.

104 *Márquez Cárdenas,* "La coautoría: delitos comunes y especiales", *Revista Diálogos de Saberes*, 2008, 43 y ss.

105 *Gómez López,* "Tratado de derecho penal. La tipicidad. Tomo III", 2005, 1050.

106 *Torres Vásquez,* "Manual de Derecho penal", 2011, 464.

107 *Velásquez Velásquez,* "Derecho penal, parte general", 932.

108 *Ibidem*, 933, pie de página 254, parte final.

109 *Cristancho Ariza, Mauricio,* "El interviniente", 359-387.

*la interpretación que debe darse al aludido inciso es que el 'interviniente' al que allí se alude, corresponde **únicamente** al **determinador** [sin calidades]. Y, de la mano con este planteamiento, lo que se ha denominado 'coautor sin calidades', no puede tener diferente catalogación que la de cómplice*[110].

Adicionalmente, asegura que aplicar el interviniente al "coautor" es un *"malabar jurídico"*[111] porque aquella figura aparece ubicada en el artículo 30 del CP, en donde se encuentran los partícipes, y no en el 29 donde se hallan los autores.

Finalmente, otro sector doctrinal, por ejemplo, Londoño Mesa[112] defiende la tesis según la cual la rebaja del "interviniente" opera tan solo para el coautor de delito especial que no cumpla las calidades especiales que requiere el tipo penal, siendo inoperante tal beneficio punitivo para el determinador y el cómplice porque ellos, por su estructura y accesoriedad, no requieren cumplir con ninguna calidad especial que únicamente se exige para los autores.

4. Posturas jurisprudenciales que resuelven el caso y los problemas jurídicos subyacentes

Dos han sido las posturas jurisprudenciales más relevantes de la Sala de Casación Penal de la Corte Suprema de Justicia con relación a la figura /del "interviniente": la ***primera postura***, asumida en el radicado 12191 del 25 de abril de 2002, se concretó en considerar el inciso final del artículo 30 del CP como *"un concepto de referencia"* cuya disminución punitiva resultaba aplicable tanto a cómplices y determinadores, como a los que intervinieran *"a título de autor, en cualquiera de las modalidades de autoría (art. 29)"* cuando estos no cumplieran las condiciones especiales exigidas por el tipo penal. Sin embargo, dicha tesis no duró mucho tiempo y fue así como mediante el radicado 20704 del 08 de julio de 2003 se instituyó la ***segunda postura*** jurisprudencial que abandonaba la idea del interviniente como *"concepto de referencia"* circunscribiendo dicha la figura a un sentido restrictivo de *"coautor de delito especial sin cualificación"*, razón por la cual se excluía la rebaja punitiva para todo aquel que concurriendo en la realización del delito tuviera la calidad de cómplice

---

110 *Ibidem*, 382.

111 *Ibidem*, 379.

112 *Londoño Mesa*, "Concurso de personas en la conducta punible", 586.

o determinador. De esta manera, para la nueva postura de la Corte Suprema de Justicia, que se mantiene hasta el día de hoy (aunque en algunas providencias, según veremos, se presenten ciertos matices o diferencias), el "interviniente", aun cuando aparezca en el enunciado normativo correspondiente a los "partícipes" *no* constituye ninguna forma de "participación" sino, como se dijo, un coautor que, precisamente, por carecer de las calidades especiales que exige el tipo penal, se hace acreedor de la rebaja punitiva correspondiente.

Así las cosas, vamos a realizar una gráfica de las *líneas jurisprudenciales* que dan respuesta a los problemas jurídicos que se plantearon al inicio de la presente investigación, por cuanto la *segunda postura* en aspectos relevantes ha tenido ciertas variaciones, esencialmente, en lo relativo a la *naturaleza* del interviniente:

PRIMER PROBLEMA JURÍDICO: ¿Qué significado tiene el "interviniente"?		
PRIMERA POSTURA	**SEGUNDA POSTURA (Hoy vigente)**	
	Versión original de la segunda postura	**Variación ocasional de la segunda postura**
Es un concepto de referencia aplicable a **todos** los *autores* y *partícipes* y no constituye una categoría autónoma de co-ejecución del hecho punible.	Es una forma especial de "coautoría" aplicable para el *"coautor de delito especial sin cualificación"*.	Es una forma específica de "participación" (es decir, un partícipe) aplicable para el *"coautor de delito especial sin cualificación"*.
Rad. 12191/02. Rad. 18569/02[113]. Rad. 17703/02.	Rad. 20704/03. Rad. 17089/03. Rad. 22146/06. Rad. 22447/06. Rad. 23979/07[114]. Rad. 27124/07. Rad. 27712/07. Rad. 28780/07. Rad. 28890/08. Rad. 26146/08.	Rad. 29221/09. Rad. 33319/10. Rad. 53956/18. Rad. 61110/22.

113 Esta decisión resolvió un caso en el cual múltiples personas realizaron delitos de *Falsedad ideológica en documentos públicos, agravada por el uso, Falsedad en documentos privados* y *Peculado por apropiación* con ocasión de una compra de predios para una empresa de energía eléctrica. En consecuencia, la Sala de Casación Penal consideró que frente a los **cómplices** que no tenían la calidad de servidores públicos les era aplicable la rebaja del interviniente lo cual implicó la finalización del proceso penal por prescripción ante la rebaja punitiva que ello conllevó.

114 Se trata del caso de un empleado de Foncolpuertos (Empresa pública de puertos de Colombia) que **determinó** a varios funcionarios de tal entidad estatal para que lo pensionaran y pagaran de forma irregular su jubilación, logrando así apropiarse durante varios años de millonarias sumas de dinero del Estado colombiano bajo la excusa de tratarse una mesada pensional. Por estos hechos la fiscalía atribuyó el delito de *Peculado por apropiación*. Sin embargo, el Tribunal de segunda instancia, aunque mantuvo la condena, otorgó a tal persona la rebaja de pena de la cuarta parte establecida en el inciso final del artículo 30 de la Ley 599 de 2000 por no tener la calidad exigida en tipo penal y consistente en la *disponibilidad jurídica o material* del dinero apropiado, aun cuando sí era un servidor público de Foncolpuertos al pensionarse. Entonces, la Fiscalía decidió interponer y sustentar el recurso extraordinario de casación y logró que la Corte Suprema de Justicia, reiterando la regla del caso 12191/02, eliminara la rebaja punitiva del "interviniente" por considerar que ella no era aplicable a los "determinadores", sino a los "coautores de delito especial sin cualificación".

	Rad. 29452/08[115]. Rad. 26410/08[116]. Rad. 30125/09. Rad. 31654/09. Rad. 29791/09. Rad. 31810/09. Rad. 31890/10.	

115 Sintetiza la regla jurisprudencial así: *"En esos términos, en los delitos propios al interviniente —coautor sin la cualidad exigida para el sujeto activo— se le sanciona con la pena dispuesta para el delito, pero se hace merecedor a la rebaja en una cuarta parte; al determinador de la conducta, con o sin la condición legal requerida, le corresponde la pena prevista para la infracción, y al cómplice, careciendo o no de la especial condición, se le reconoce una disminución de la pena de una sexta parte a la mitad."*

116 Aquí la Corte resolvió un caso en el cual la alcaldesa de un municipio y un arquitecto (un particular, contratista del Estado, pero que no desempeñó ni asumió funciones públicas) se pusieron de acuerdo para desfalcar el Estado mediante la distribución del trabajo criminal así: la alcaldesa asignaría varios contratos en forma directa y sin acatamiento del principio de selección objetiva, a su amigo, el arquitecto quien, además de incumplir con todos los compromisos contractuales, le daría un porcentaje del dinero que le pagaran a ella. Por ende, frente al delito de *Peculado por apropiación* la Fiscalía atribuyó a la funcionaria la calidad de autora y al contratista-particular la de interviniente de tal punible. Sin embargo, el Tribunal de segunda instancia, rompiendo el título de imputación, condenó al arquitecto como autor de otro delito que no exigía ninguna cualificación jurídica especial: *Abuso de confianza calificado.* Entonces, la Corte Suprema de Justicia, reiterando sus precedentes, procedió a señalar que el *ad quem* se había equivocado en su calificación jurídica por cuanto el Código Penal del año 2000, para mantener la unidad de imputación, decidió que en casos como este donde un servidor público y un particular que desde el punto de vista *"de las acciones **naturales** se consideran coautores"*, ante la imposibilidad jurídica de calificarlos de esa manera y que, por ende, *"en el campo **normativo** y a la luz del régimen penal, no son propiamente coautores"* deberá atribuirse la siguiente condición: *"El servidor público es autor y el particular interviniente"*, aunque, por supuesto, *"La sanción penal para ellos no es ni puede ser la misma, toda vez que el contenido de injusto (desvalor de acción más desvalor de resultado) y culpabilidad (juicio de reproche), son disímiles porque dimanan de diversos factores."* No obstante, frente al fondo del asunto, la Corte no modificó la calificación de la segunda instancia porque ello habría implicado aumentarle la pena al contratista y ello lo impedía la prohibición de la *reformatio in pejus.*

	Rad. 34202/10[117]. Rad. 34253/10. Rad. 35220/10. Rad. 38605/12. Rad. 37611/12. Rad. 37140/12. Rad. 34282/13. Rad. 39346/13. Rad. 42312/13. Rad. 35551/14. Rad. 41539/14. Rad. 42103/14. Rad. 37074/14. Rad. 34282/14. Rad. 34019/14. Rad. 44714/14 Rad. 45898/15. Rad. 39038/15. Rad. 46196/15.	

117 Para comprender lo ocurrido es importante saber que en el Código Penal colombiano existe un delito llamado *Falsedad ideológica en documento público,* art. 286, que exige respecto del sujeto activo que éste tenga dos condiciones: **(i)** la de servidor público y **(ii)** *"la facultad o función legal o reglada para crear el documento"* (Radicado 56917 de 2021). Por el contrario, si la persona no tiene la calidad de servidor público o teniéndola carece de dicha competencia funcional de creación del documento público, el tipo penal que se deberá atribuir es el de *Falsedad material en documento público,* art. 287, si realiza la falsificación de tal documento o altera de cualquier forma (supresión, adición o corrección) un documento público preexistente. Así mismo, frente a este último punible, el inciso segundo del art. 287, prevé frente a la alteración del documento y no respecto a la falsedad ideológica, un agravante imputable para el *"servidor público en ejercicio de sus funciones"* que ejecute tal conducta. En este orden de ideas, en este caso sucedió que el ex-alcalde de un municipio *determinó* a una ex-tesorera para que confeccionara un certificado de disponibilidad presupuestal con fecha de la época en que ellos eran funcionarios de tal entidad territorial con el objetivo de lograr fabricar una prueba en su favor frente a una investigación penal que adelantaba la Fiscalía en su contra por el delito de *Contrato sin cumplimiento de requisitos legales.* Entonces, respecto a la posibilidad de aplicar o no la figura del interviniente, luego de recordar la Corte su postura sobre el tema explicó que como el delito de *Falsedad material en documento público* no exige ninguna calidad especial (a menos que se impute su agravante) y *"se trataba de un comportamiento realizado por los procesados, una vez se habían desvinculado de la administración (...), no se les podía catalogar como extraneus en un delito especial, ni se les podía tener como intraneus, pues para ninguno concurría la calidad o cualificación del sujeto activo exigida en la circunstancia agravante del delito de falsedad material en documento público".* En consecuencia, lo adecuado era calificarlos como determinador (al ex–alcalde) y autora directa (a la ex–tesorera) de tal punible segregando el agravante.

	Rad. 46483/16. Rad. 47400/16. Rad. 49423/17. Rad. 52553/18. Rad. 52001/19. Rad. 52816/19. Rad. 55244/19. Rad. 56399/20. Rad. 53434/20. Rad. 48916/20. Rad. 51444/20[118]. Rad. 56641/20.	

118 En este caso varios funcionarios del Instituto de Seguros Sociales, junto con diversos particulares, se asociaron para defraudar las arcas de tal entidad, instrumentalizando (mediante error de tipo) al jefe del Departamento de Atención al Pensionado quien a partir de historias laborales falsas, previamente confeccionadas por los particulares, lograron que *"este suscribiera las resoluciones de reconocimiento y pago de múltiples pensiones de vejez en favor de usuarios que no reunían los requisitos de ley para acceder a esa prestación, quienes por sí mismos o a través de abogados, con conocimiento y voluntad sobre la ilicitud, suministraron a los citados oficinistas los documentos que irían a soportar, junto con las referidas historias fraudulentas, las peticiones prestacionales."* De esta forma la Corte Suprema de Justicia calificó las intervenciones de todos ellos en el delito de *Peculado por apropiación* de la siguiente manera: a los funcionarios del Estado presustanciadores de los documentos que firmaría el gerente como **coautores mediatos,** al jefe del Departamento de Atención al Pensionado **autor directo** (no responsable, al igual que a otros funcionarios tales como el gerente de la institución que tampoco tuvieron conocimiento de lo sucedido) y a los particulares con la calidad de **intervinientes.** Por ende, frente a la posibilidad de atribuir a los particulares la calidad de *determinadores* o de *intervinientes* (coautores no calificados) la Corte Suprema de Justicia concluyó que la calificación correcta era la última porque era *"evidente que cada uno de los particulares se puso de acuerdo con los funcionarios operativos para iniciar la fase ejecutiva del delito, la que se complementó con las labores tramposas de presustanciación de los trámites pensionales por parte de estos, y se consumó con la suscripción de los actos administrativos de reconocimiento de las prestaciones deprecadas, en cabeza del jefe de atención al pensionado de la institución, el cual estaba amparado en la presunta realidad material de la información inserta en la documentación puesta a su consideración".* En consecuencia, *"los particulares cumplieron el rol de intervinientes, pues, no teniendo la cualidad de servidores públicos exigida en el tipo penal de peculado, prestaron su concurso para iniciar los irregulares trámites administrativos de reconocimiento de la pensión de vejez, aportando, para el efecto, la documentación que, junto con las historias laborales falsas adosadas a las carpetas en la entidad, sería el soporte de las decisiones ilegales."*

	Rad. 55371/21[119]. Rad. 58225/22. Rad. 61125/23. Rad. 59636/23.	

En la **sentencia fundadora de línea** (radicado 12191 de 2002) mediante la cual se estableció la ***primera postura*** de la Corte Suprema de Justicia, se estudió un caso en el cual un particular de nombre J.M.G.U., **determinó** a dos servidores públicos de una notaría (los **autores materiales**) para que destruyeran un documento público en el cual se certificaba la realización de un matrimonio civil anterior con el objeto de poder casarse nuevamente. Entonces, la Sala de Casación Penal consideró que a J.M.G.U., como partícipe *determinador,* se le debía aplicar la rebaja del interviniente, prevista en el inciso final del artículo 30 del CP frente al delito de *Destrucción, supresión y ocultamiento de documento público* que exigía como condición de autoría el haber sido realizado por empleado oficial en ejercicio de sus funciones. Dicha disminución de la pena, a su vez, implicó que la acción penal ya estuviera prescrita y por ello se dispuso la cesación del procedimiento en su favor.

Las premisas que soportaron esta primera postura en la cual se consideró el *interviniente* como un *"concepto de referencia"* aplicable a todo el que concurriera a la conducta punible *"bajo cualquier modalidad de autoría (art. 29) o bajo cualquier modalidad de participación (art. 30 incisos 1°, 2° y 3°)"*, fueron las siguientes: **(i)** con ello era posible conservar el principio básico de unidad de la imputación; **(ii)** así mismo, se mantenía la diferenciación entre intervenciones principales y accesorias; **(iii)** de igual manera, la tesis en mención, según la Corte,

> *guarda o mantiene la correspondencia punitiva que condujo al legislador a adscribir grados de compromiso y consecuencias punitivas distintas para los autores y coautores, y para los determinadores, por una parte, y para los cómplices por la otra, dado que en éste último*

---

119 En este caso una persona fue juzgada por el delito de *Cohecho impropio* en calidad de **interviniente** dado que tuvo el rol de aceptar ofertas económicas a cambio de gestionar solicitudes de reducción de impuestos en la Secretaría de Hacienda de Medellín y, aunque sí era funcionaria de la Alcaldía, ella tenía *"calidad de profesional universitaria, adscrita al equipo de promoción de autonomía económica de la Subsecretaria de Derechos de la Secretaría de Mujeres , y dentro de sus funciones no se encontraba la gestión de cobros de impuestos".* Por lo tanto, la procesada actuó como *"coautora que no reunía las calidades especiales del sujeto activo requeridas por la norma (servidor público y tener dentro de sus funciones el acto que a cambio de dinero aceptó llevar a cabo)".*

> *evento la participación además de accesoria es secundaria, menor y, por supuesto, menos grave.*

y **(iv)** permite la materialización del principio de proporcionalidad porque conserva

> *(...) los fundamentos de las distinciones hechas por el legislador para justificar la diferencia de trato, es decir, para que produzcan efecto jurídico las diversas graduaciones del tratamiento diferencial entre quienes tienen a su cargo deberes jurídicos específicos que los vinculan con los tipos especiales, porque de ellos se espera una actitud de compromiso especial frente a su protección, y quienes no los tienen. Y entre quienes concurren al hecho llevando a cabo aportes de conducta que el legislador disvalora por igual (autores y determinadores) y quienes lo hacen en menor grado y medida (cómplices).*

No obstante, salvo por dos reiteraciones de tal jurisprudencia, la tesis fue abandonada con suma rapidez, edificándose una ***segunda postura***[120] mediante una **sentencia fundadora del nuevo precedente** (radicado 20704 de 2003) en la cual la Corte Suprema de Justicia conoció de un caso en el cual fue judicializado un fiscal y un abogado por el delito de *Prevaricato por acción* por haber proferido, el primero

---

120 En reciente providencia, la CSJ mediante rad. 61110/22, aludió a la existencia de **tres posturas** y no solo a dos en los siguientes términos: *"La Corte se ha ocupado del interviniente en tres etapas. En la **primera**, —SP del 25 de abril de 2002, radicado 12191— consideró que el coautor, el cómplice y el determinador eran intervinientes y podían beneficiarse con la rebaja de la pena hasta en una cuarta parte, siempre y cuando no tuvieran las calidades del autor del tipo penal especial.*
*En una **segunda** fase —SP del 8 de julio de 2003, radicado 20704—, estimó que la calidad de interviniente se predica respecto del coautor de un delito especial propio que ejecuta la conducta a la manera del autor calificado, sin tener las calidades exigidas en el tipo penal, no del cómplice ni del determinador.*
*Por último, en una **tercera** fase —SP del 17 de septiembre de 2008, radicado 26410, y 16 de noviembre de 2019, radicado 54125—, indicó que el interviniente sin las calidades exigidas para el autor del tipo penal especial puede desarrollar su intervención en el marco de la coautoría material propia o impropia. A partir de este enunciado señaló que la coautoría propia se presenta cuando "varios individuos mediante acuerdo previo o concomitante realizan la conducta y todos actualizan el verbo rector definido en el tipo".*
La impropia, en esa línea, precisa de un (i) acuerdo previo o concomitante entre las personas sobre la comisión del delito, (ii) división de trabajo, en cuanto todos ejecutan una fracción de la conducta acordada, lo que da lugar a la imputación recíproca, según la cual todos responden por el todo, (iii) el dominio funcional del comportamiento por cada coautor, y (iv) la sujeción al acuerdo para evitar imputaciones por el exceso de quien lo cometa."

en calidad de **autor directo**, una providencia manifiestamente contraria a Derecho en la cual se descartaba el delito de *Secuestro* cometido en contra de ciertas personas y, respecto del abogado de los procesados, por haber actuado como **cómplice** en tal punible al realizar un documento en el que se proyectaban algunos de los argumentos que se debían utilizar en la providencia mencionada. No obstante, cambiando la jurisprudencia que hasta ese momento se había sostenido, no aplicó la rebaja punitiva al abogado por considerar que el "interviniente" tan solo era aplicable al *"coautor de delito especial sin cualificación"* pues, frente al cómplice[121] y el determinador, era innecesario utilizar tal figura del artículo del 30 del CP porque ellos *"no requieren calidad alguna, pues aquél no ejecuta de manera directa la conducta punible y el cómplice tiene apenas una participación accesoria"*.

Los argumentos para el cambio de postura fueron estos: **(i)** el interviniente es necesario para el *coautor de delito especial sin cualificación* porque, acorde las reglas básicas de la "autoría" solo es autor el que cumple las condiciones específicas que se exigen para el "sujeto activo" del delito, mientras que para ser "partícipe" (ya sea como cómplice o determinador) no se requiere ninguna y lo puede ser cualquiera, lo que implicaría que sea innecesario utilizar la figura del interviniente en toda forma de participación y solo se requiera para el *coautor* que no cumpla con las exigencias especiales que se encuentran previstas por ciertos tipos penales; **(ii)** además, la rebaja punitiva del interviniente no sería aplicable ni al determinador ni al cómplice por cuanto de éstos, como se dijo, no resulta exigible calidad especial alguna, al evidenciarse que el primero no ejecuta de manera directa la conducta y el segundo tiene apenas una participación accesoria; **(iii)** de esta manera,

121 Inclusive en sentencia de rad. 34253/10 dijo que *"las calidades de **cómplice** e **interviniente**, no se pueden combinar, mezclar o adicionar en un solo comportamiento antijurídico, habida cuenta que ambas se excluyen, por cuanto, la segunda participa de un criterio restrictivo de autor, en donde, se consuma el injusto contra la administración pública, en las mismas circunstancias y condiciones que el servidor público, pero sin tenérsele como tal, porque en esencia no le son transferidas, lo cual, como es obvio, descarta de tajo, cualquier adición del concurso de personas en la conducta punible realizada en la misma persona tenida como cómplice."* Una **discusión diferente** es si excepcionalmente un *particular* puede ser considerado, para efectos penales, como *servidor público*, lo cual obtiene una respuesta afirmativa de parte del artículo 20 del CP que establece esta posibilidad cuando los particulares *"ejerzan funciones públicas en forma permanente o transitoria"*, aclarando la Corte Suprema de Justicia que, sin embargo, *"que la condición de particular no se pierde cuando la naturaleza y finalidad de la contratación no implica el transferimiento de funciones públicas propias de Estado"* (Rad. 34253/10).

ningún sentido lógico tiene el que se les dispense un adicional tratamiento punitivo definitivamente más favorable precisamente por una calidad que resulta intrascendente en sus respectivos roles, en cuanto al determinador que no siendo servidor público, condición que para nada importa en el despliegue de la instigación, se le estaría rebajando la pena en una cuarta parte y al cómplice, cuya condición o no de servidor público tampoco comporta ninguna trascendencia en la ejecución del papel accesorio, se le estaría favoreciendo igualmente con una rebaja de esa proporción pero sumada a la que correspondería por su participación, prevista entre una sexta parte a la mitad.

(iv) Adicionalmente, dice la Corte, esto no desnaturaliza los fines del legislador pues se sigue manteniendo el principio de unidad de imputación, se conversa la diferencia entre intervenciones principales y accesorias, y aun se guardaría correspondencia punitiva frente a los diversos grados de compromiso penal.; **(v)** igualmente, la nueva postura de la Corte argumenta tal Corporación de Justicia,

tiende a hacer real el principio de igualdad pues, de iterarse el criterio ya expresado de la Sala en la decisión antes citada, no se entendería porqué razón a un determinador de peculado, por ejemplo, se le beneficiaria con una rebaja de la cuarta parte de la pena, mas no así a un instigador de un delito de hurto, o porqué a un cómplice de concusión se le rebajaría en principio la pena de una sexta parte a la mitad, y luego en una cuarta más por no ser servidor público. Más aún, tampoco se entendería porqué a un particular, cómplice de peculado se le harían tales rebajas mientras que a un servidor público cómplice del mismo delito no se le haría sino la primera, cuando ciertamente su condición nada tendría que ver con su participación, pues ella, en tal caso, la ley la encuentra carente de trascendencia.

Y, finalmente, como argumento **(vi)**, expuesto de forma reciente, ha planteado la Corte Suprema de Justicia que

ante lo artificial de que, un verdadero autor, con pleno dominio del hecho -por supuesto, sin la cualidad establecida para el sujeto activo- de la conducta de un delito especial -extraneus-, respondiera como cómplice, en Alemania -párrafo 1 del artículo 28 del Código Penal–se acudió a la fórmula de establecer una cláusula legal dirigida a atenuar punitivamente al extraño que no es partícipe sino materialmente autor, solución importada en el Código Penal de 2000, al consagrar la figura del interviniente, descrita en el inciso final del artículo 30 (...)[122].

122 Rad. 51444/20.

Por lo tanto, en resumen, si: **uno,** es un delito especial; **dos,** el co-ejecutor es un *extraneus,* es decir, carece de la calidad particular que exige el tipo penal; y **tres,** posee *dominio del hecho,* **entonces** será un *interviniente* acreedor de la rebaja prevista en el art. 30 del CP. En cambio,

> *si su participación es accesoria, en tanto no tiene ningún dominio de la acción, podrá ser objeto del reproche jurídico penal, bien como determinador —si su colaboración fue instigadora- o cómplice -si su ayuda no fue de significativa importancia para la realización de la conducta ilícita—*[123].

Pero no como interviniente. Tal tesis fue avalada por la Corte Constitucional en sentencia C-015 de 2018, la cual, acudiendo a la jurisprudencia de la Sala de Casación Penal, señaló que el *interviniente* es aquel que, en concurso con el autor, realiza como suya la conducta descrita en el verbo rector sin tener la condición especial exigida en el tipo penal, *"y es él el único destinatario de la disminución punitiva prevista para el extraneus, la cual, por consiguiente, no beneficia, ni al determinador, ni al cómplice".* De esta manera, agregó la Corte Constitucional que la figura del *interviniente* opera únicamente frente a los delitos especiales y que por ello la sanción penal, en abstracto, no se ve afectada para los partícipes de un delito especial por el hecho de que tengan o no, las condiciones especiales exigidas en el tipo penal. Y en cuanto al determinador[124], la pena

---

123 Rad. 51444/20.

124 En cuanto, a la atribución de la calidad de *determinador* en casos de corrupción pública, muchas han sido las discusiones que se han presentado al respecto en la praxis judicial colombiana. Sin embargo, a partir del caso de Foncolpuertos citado en precedencia, la Corte Suprema de Justicia (rad. rad. 52180/20) ha concluido que sí aplica la figura del "determinador" o "inductor" de delitos *"en casos en los cuales, particulares, a través de múltiples acciones legales y administrativas, lograron acceder al pago de acreencias laborales o pensionales de forma irregular, en desmedro del patrimonio público."* De esta manera, *"respecto del título de imputación que corresponde a quienes tomaron parte en la realización de la conducta de peculado por apropiación -descrita en el artículo 397 de la Ley 599 de 2000 o 133 del Decreto 100 de 1980, modificado por canon 19 de la Ley 190 de 1995-, especialmente, ex trabajadores de la empresa portuaria en quienes no concurre la calidad de servidor público, se ha dilucidado que deben responder a título de determinadores, en la medida que gestaron el propósito criminal en los empleados con competencia para reconocer, liquidar y pagar las prestaciones sociales a las que no tenían derecho porque excedían los límites permitidos en la ley laboral -convencional-, de tal manera que si no hubieran presentado la propuesta, no hubiera tenido lugar la comisión del delito (CSJ SP3808-2019, AP4549-2018, AP3174-2018, AP127-2018, AP5499-2018, AP2074-2017,*

será la misma que para el autor, tanto en delitos especiales, como en delitos comunes, *"y en ningún caso puede ser objeto de la disminución punitiva del interviniente"*.

En todo caso, es importante aclarar que aun cuando esta postura jurisprudencial es la que se encuentra vigente, con el paso de los años se han agregado argumentos y realizado ciertas variaciones muchas veces sutiles y no declaradas expresamente. Algunas de ellas son las siguientes: **(i)** a nivel probatorio se ha establecido como regla por parte de la Sala de Casación Penal[125] que

> *la condena a título de interviniente puede presentarse independientemente de que en el proceso se haya establecido con quién se efectuó la alianza, toda vez que la responsabilidad en los hechos y su correlativa sanción no depende de que se identifique la de los demás involucrados en el mismo, como autores o partícipes.*

Fundamentando tal postura en la precisión jurisprudencial que ha realizado la Corte en torno al *principio de accesoriedad* entre "autores" y "partícipes" y según la cual

> *el carácter accesorio de la participación no depende de la existencia de prueba que permita identificar plenamente al autor o declarar su responsabilidad en los hechos, como equivocadamente lo entiende el casacionista, sino de la certeza de su existencia misma (de un autor).*

Agregando que por esa razón *"nada obsta para que el interviniente deba responder por la conducta, aun cuando no logre identificarse o juzgarse a la persona que actuó como sujeto calificado"*; **(ii)** en cuanto a *"las calidades especiales exigidas en el tipo penal"* a las que alude

---

AP1656-2016, AP324-2016, AP7147-2015, SP16846-2014, AP2269-2014, AP 9 Oct. 2013 Rad. 39346, AP. 9 dic. 2010 Rad. 31.793, CSJ SP, 2 mar. 2011 Rad. 30.970)". También consultar CSJ AP. 9 dic. 2010, rad. 31.793, CSJ SP, 2 mar. 2011, rad. 30.970 CSJ AP1656-2016 (47.672), CSJ AP324-2016 (47.168), entre muchas otras. Esta misma regla aplica sin importar que se trate de particulares que hacen reclamaciones ilegales o abogados al señalar la Corte (rad. 55704/19) que *"los profesionales del derecho que actuaron en tal condición responden como determinadores», pues en tales eventos, «el abogado ejerce el influjo suficiente para hacer nacer en los funcionarios la idea criminal, (de suerte que) es claro que no realiza la conducta punible, por lo que no es interviniente, sino determinador»"* en los delitos de *Prevaricato por acción* y *Peculado por apropiación*. Así lo ha dicho la Sala de Casación Penal en radicados: 42312/13, 39346/13, 41177/13, 37074/14, 47974/17, 51046/18, entre otras.

125 Rad. 53956/18.

el artículo 30 del CP en su inciso último, ha dicho la Corte Suprema de Justicia que

> *si bien de manera recurrente el interviniente se vincula a delitos cometidos por servidores públicos, lo cierto es que la norma citada no restringe su reconocimiento a tales situaciones, en cuanto [a que ellas] pueden estar determinadas por una condición* ***jurídica, profesional*** *o* ***natural****.*

Citando como ejemplos ilustrativos de la primera muchos delitos contra la administración pública que exigen para el sujeto activo la calidad de "servidor público" (cohecho, concusión, prevaricato, etc.) o ser "deudor de alimentos" en la inasistencia alimentaria. En cuanto, a la segunda tipología de calidades especiales exigidas, menciona el delito de *Suministro o formulación ilegal* donde se exige que solo sea cometido por alguien con la calidad de profesional o practicante de medicina, odontología, enfermería o farmacia. Y, por último, respecto a la condición natural cita la Corte el siguiente ejemplo: *"la madre que da a luz hijo fruto de acceso carnal o acto sexual sin consentimiento, o abusivo, o de inseminación artificial o transferencia de óvulo fecundado no consentidas en el infanticidio"*[126]*;* **(iv)** igualmente ha expresado dicha Corporación de Justicia que *"para condenar a un interviniente no resulta indispensable demostrar los pormenores del acuerdo, esto es, dónde, cuándo y cómo se concretó el pacto entre el sujeto activo calificado y quien no ostenta esa condición"*[127]*;* y **(v)** en algunas ocasiones la Corte ha variado su postura en torno a considerar el *interviniente* un *coautor sin cualificación en delito especial* para pasar a calificarlo como un **"partícipe"**.

Con relación a esta última postura (rad. 61110/22[128]), la Corte realizó la siguiente precisión con base en la cual justificaba el *por qué* encasillaba al *interviniente* como un partícipe:

---

[126] Previsto en el artículo 108 del CP y que tiene una pena significativamente atenuada respecto del delito común: el homicidio o feminicidio agravado (según el caso). Así pues, para el infanticidio del 108 la pena sería de prisión de sesenta y cuatro (64) a ciento ocho (108) meses; mientras que para el homicidio agravado (art. 103A) prisión de 480 a 600 meses y para el feminicidio agravado (art. 104B) prisión de quinientos (500) meses a seiscientos (600) meses.

[127] Rad. 48916/20.

[128] El caso fue analizado así por la Corte (quien concluyó que se había calificado erradamente la acción realizada por la procesada por cuanto era una *cómplice* y no una *interviniente*, lo que implicó que para el momento de resolver el caso ya estuviera prescrita la acción penal): *"En efecto: se probó que* ***LLA*** *no ejecutó el verbo rector del delito, ni directamente ni mediante división de trabajo, pero si colaboró en él y realizó -junto con LE— las gestiones para ser beneficiaria del*

En los delitos comunes la coautoría propia e impropia no presenta mayores complicaciones. No ocurre lo mismo en los delitos especiales, empezando porque no es muy ortodoxo llamar coautor interviniente al partícipe, quien desde el punto de vista causal ejecuta un comportamiento que solo le puede ser imputado como autor a quien normativamente infringe el deber.

En tal sentido se debe señalar que el interviniente se diseñó para preservar la unidad de imputación entre el autor del delito especial que recorre la conducta y el extraño que la ejecuta sin tener la condición requerida en el tipo penal especial. Para imputar el mismo delito a autores equivalentes en cuanto ejecutan causalmente la misma conducta, pero que son normativamente desiguales. En consecuencia, en estricto sentido, solo el autor que tiene las calidades exigidas en el tipo penal especial puede dominar el hecho -entendido como concepto normativo—, el interviniente no, puesto que carece de la sujeción normativa requerida en el tipo penal especial al cual concurre.

(...)

Como se observa, la construcción de la participación en los delitos especiales está cifrada en la infracción al deber y, en consecuencia, el desvalor de acción es menor para el interviniente, puesto que no tiene el vínculo que supone ese juicio negativo de la conducta.

---

mismo. De manera que el ser beneficiaria, por grave que sea la conducta y por la reconocida importancia y las relaciones familiares con IMR y la vinculación de este con numerosos actos de corrupción, no convierte al cómplice en autor.
Desde el punto de vista causal siempre será difícil distinguir entre autor, cómplice e interviniente —el asunto del campanero muestra lo difícil de establecer tales límites desde esa perspectiva—, e igualmente desde el acuerdo previo, porque ese pacto anterior a la comisión de la conducta es común al cómplice y al interviniente. En esa dimensión, la participación en el nivel de coejecución de la conducta, como lo exige la coautoría impropia, permite señalar, en este caso, que la participación de ***LLA*** *fue importante en procura de lograr el beneficio ilegal, no en constreñir, inducir o solicitar, formas que constituyen el núcleo de la ilegalidad. El delito de concusión, como se ha indicado, consiste en abusar del cargo o de la función para constreñir o inducir a dar o prometer al mismo servidor o a un tercero, dinero o cualquier otra utilidad indebidos, o solicitar. En esa medida, la acción del beneficiario no está en el giro de la coejecución del núcleo rector del tipo penal especial, sino en una fase distinta relacionada con la obtención del propósito. Por eso no puede ser coautor impropio interviniente sino cómplice de la conducta, lo que dicho sea de paso incide sustancialmente en la legalidad de la actuación penal. Dicho en otras palabras: en el delito de concusión la acción consiste en coaccionar al particular, o en solicitar la dádiva. Por lo tanto, recibir el beneficio o ayudar en la consecución de la utilidad, que es la pretensión final del coaccionador, se vincula con la realización del propósito y por eso quien recibe el beneficio o se beneficia es cómplice y no interviniente."*

> *(...)*
>
> *En conclusión:*
>
> ***(i).** solo el autor calificado puede ser autor de un delito especial.*
>
> ***(ii).** El **interviniente** es un **partícipe** que realiza la conducta descrita en el tipo penal (constreñir o solicitar, en este caso), ya sea porque la ejecuta directamente o porque mediante división de trabajo participa en la ejecución de la conducta descrita en el tipo especial.*
>
> ***(iii).** El interviniente requiere siempre de un autor calificado, por lo cual se rige por el principio de accesoriedad de la participación.*
>
> ***(iv).** El interviniente no domina normativamente el hecho. Domina la causalidad."*
>
> *En todo caso, concluyó la Corte en tal sentencia que consideraba que era "interviniente quien, careciendo de las calidades especiales (jurídicas, profesionales o naturales) dispuestas por el legislador en el tipo para el sujeto activo, realiza actos de coautor material (propio o impropio), caso en el cual será sancionado con la pena dispuesta en la respectiva norma punitiva, disminuida en la cuarta parte.*

Sin embargo, una tesis distinta esgrimió la Corte en el radicado 58225/22 pues allí estableció lo siguiente:

> *El interviniente, por lo tanto, más que una forma de participación fenomenológicamente diferenciada, es **un modo de catalogar la actuación del coautor** que, sin la cualificación legislativamente exigida, concurre a la realización de un tipo especial. Por esta razón, la participación a título de interviniente supone la previa verificación de que se ha actuado, realmente, bajo los supuestos fácticos de la coautoría. Si ello no es verificado, no hay modo alguno de graduar el desvalor de la conducta al amparo de dicha figura.*

5. Toma de postura: el interviniente como una cláusula de atenuación para el cuasi-autor y el partícipe

Según se anuncia desde el título de esta sección, la *respuesta* que soluciona el primer interrogante planteado (*¿qué significado tiene el "interviniente"?*) es clara: el *interviniente* NO es una forma de autoría o participación autónoma, sino una **cláusula legal o norma jurídica de atenuación punitiva aplicable para todas las *clases de autoría* o *participación* que contempla la Ley 599 de 2000**

en los denominados "delitos especiales". Dichas cláusulas de atenuación son usuales en los Códigos Penales y se consagran por diversas razones: fenómenos posdelictuales, culpabilidad disminuida, menguada lesividad, etc. En el caso del *interviniente* la razón es la ausencia de una específica forma de dominio del hecho que se exige para delitos especiales: el control efectivo, aunque normativamente asignado, en la protección del bien jurídico. Pero, en todo caso, a pesar de que los *extraneus* (intervinientes) carezcan de *esa forma de dominio* del hecho, podrá ocurrir que en algunos eventos ellos sí tengan un *control material de la conducta punible* derivado de su dominio de la acción, de la función esencial que realizarán en la fase ejecutiva o por controlar la voluntad del *intraneus.* Así pues, en estos casos serán *cuasi-autores* (directos, coautores o autores mediatos). En cambio, si, además de ser *extraneus,* carecen del dominio *material* del hecho, entonces tales personas serán partícipes.

Por lo tanto, para poder desarrollar el anterior esbozo acerca del significado, alcance y fundamentos de la tesis propuesta sobre el interviniente mostraremos, en primer lugar, una visión general de su justificación; luego, un análisis respecto a cuál tesis de *autoría y participación* sería compatible con el *interviniente;* después, las razones por las que la tesis mayoritaria de la jurisprudencia se encuentra equivocada; y, finalmente, los argumentos que justifican interpretar el interviniente como una cláusula de atenuación punitiva para autores o partícipes *extraneus* en delitos especiales.

5.1. Fundamentos generales de la tesis defendida

Desde un punto de vista estrictamente *sistemático* que se toma en serio el texto legal, el *interviniente* tan solo debería ser aplicado a los partícipes dado que dicho enunciado normativo se ubica en el artículo 30 del CP cuyo *nomen iuris* es, justamente, el de *"partícipes".* No obstante, ello implicaría considerar o presuponer que la ley se edificó con base en un "sistema" y tal confianza en el legislador no encuentra razones atendibles, no solo porque va en contravía de la experiencia legislativa latinoamericana cuyos faros orientadores han sido más políticos que dogmáticos, sino porque en la propia exposición de motivos de la Ley 599 de 2000 se dijo lo siguiente:

> *Se orientó el proyecto, principalmente, por no encasillar la normatividad en alguna corriente dogmática en especial. Reflejo de ello es la no división en capítulos y utilización de expresiones constitutivas de camisas de fuerza. La idea general es que la doctrina y la jurispru-*

dencia perfilen la ubicación y permitan flexiblemente la adecuación de la interpretación a la evolución de modernas corrientes[129].

Igualmente, es importante realizar una observación preliminar: si el inciso 4 del artículo 30 no existiera, ninguna laguna de punibilidad se presentaría. Es decir, su redacción fue más una *opción político-criminal* que una *necesidad dogmática*. ¿Por qué? Porque sin su existencia de todas maneras cada uno los casos mencionados en este artículo y similares, tendría una solución mediante la aplicación de las figuras usuales de autoría y participación. Así pues, en el ejemplo ofrecido al inicio del *paper*, tanto ***B*** (el particular que compró un *Iphone* con el dinero público que le entregó ***A,*** el jefe de la Estación de Policía, por indicaciones suyas) como ***C*** (el otro particular que junto con ***A*** fue a negociar la compra de dos costosos anillos de oro que adquirieron para ellos), por carecer de las calidades especiales de "servidores públicos" que se exigen para el *Peculado por apropiación* en el art. 397 del CP, no podrían ser *"autores directos"*, ni *"coautores"*, ni tampoco ninguna otra clase de "autor". Entonces, al observar a los partícipes, se tendría que descartar al *"determinador"* por cuanto ni ***B*** ni ***C*** habrían inducido a al jefe de la estación de policía, quedando en consecuencia tan solo el *"cómplice"* que se adecuaría plenamente a lo sucedido por cuanto, en últimas, ambos habrían realizado una contribución a la realización del delito.

De esta manera, la figura del *interviniente* devendría en una atenuación dogmáticamente innecesaria. No obstante, ante la libertad de configuración del legislador del sistema penal, es claro que este tenía constitucionalmente permitido introducir cláusulas como la que aquí se estudian. Por ello, al hacerlo, surgió un deber en los jueces de elaborar una interpretación y uso de la cláusula mencionada que sea compatible con la mejor[130] teoría posible para el Código Penal. No porque éste la presuponga, sino porque debe ser construida a la luz de la propia legislación para lograr así una aplicación consistente e igualitaria de ella.

Con base en lo expuesto es necesario partir de unas premisas fundamentales que justifican la postura aquí defendida: **(i)** la *autoría* del art. 29 del CP es meramente declarativa porque su existencia se

---

129 Gaceta del Congreso No 189, jueves 06 de agosto de 1998, *Exposición de motivos* del *Proyecto de ley por el cual se expide el Código Penal.*

130 Sobre idea en teoría del derecho véase: *Dworkin, Ronald,* "El imperio del Derecho", Editorial Gedisa, 2022.

deriva de los propios tipos penales; es decir, de la parte especial del Código Penal; y **(ii)** una de las razones de la exigencia de calidades especiales para ser autor en algunos tipos penales y poder ser impuesta una pena, es la especial relación que determinadas personas tienen con el bien jurídico. Por lo tanto, en los *delitos especiales,* particularmente los delitos de infracción del deber, el injusto tiene **dos dimensiones**: el bien jurídico protegido y el especial deber de impedir su lesión asignado a determinadas personas. En consecuencia, si el *especialmente obligado* realiza el tipo penal estaría lesionando dos cosas: ese deber específico que tenía y el bien jurídicamente tutelado lo que justificaría la asignación del 100% de la pena. Pero quien careciendo de tal deber lo vulnera, entonces, la pena **no** podría ser del 100% y por esta razón, sobre él, debería operar alguna rebaja de tal sanción, siendo ella en Colombia la que el art. 30, inciso 4, previó; esto es, una cuarta parte de la pena imponible.

5.2. Teoría de la autoría y participación en "delitos especiales" aplicable en Colombia: análisis de las tesis vigentes y toma de postura

Una de las dificultades que se observa en la doctrina y jurisprudencia colombiana respecto a la determinación del significado y alcance de la figura del *interviniente* radica en una razón de fondo mucho más relevante: la ausencia de una teoría completa, coherente, exhaustiva y desarrollada para la aplicación consistente de los dispositivos normativos de la *autoría* y la *participación.* Así pues, si se toman los textos usuales de doctrina colombiana, salvo por escasas excepciones, o las providencias de la Corte Suprema de Justicia, no es posible encontrar una teoría completa acerca de la *autoría* o la *participación* que, a su vez, encaje dentro del gran sistema de Derecho penal colombiano. Por el contrario, se observan estudios insulares de una o dos figuras jurídicas (por ejemplo, de la *autoría mediata* o del *interviniente*) sin anclarlas dentro del gran panorama de toda la dogmática jurídico-penal y sus bases fundamentales, lo que conlleva generar conclusiones que terminan siendo, en distintos niveles, contradictorias con otras instituciones del derecho penal o indeseable desde un punto de vista político-criminal.

Por supuesto, algunos manuales de Derecho penal colombiano aluden de forma superficial y sin mayores desarrollos –inclusive casi que de manera descriptiva– a distintas variaciones de la teoría del dominio del hecho o a las tesis de los delitos de infracción del deber, mezclando en muchas ocasiones aspectos incompatibles de tesis claramente antinómicas. Igualmente, en el seno de las decisiones de la Corte Suprema de Justicia se observa un excesivo casuismo y la citación inconsistente y caótica de precedentes anteriores, lo que impide saber a ciencia cierta cuáles son las reglas generales que permitan una aplicación validable, coherente y equitativa del Derecho penal en materia de autoría y participación.

Por estas razones, para poder determinar al alcance, significado y reglas de uso de la figura del *interviniente* será necesario establecer cuál teoría de *autoría* y *participación,* para delitos especiales, es la que resulta compatible con el sistema jurídico-penal colombiano, pues solo así será posible validar que la interpretación realizada al *interviniente* es correcta por encajar al interior de la gran maya dogmática sobre la que tendría que ser aplicada.

Sin embargo, antes de abordar tal indagación que dará sustento y desarrollo a la tesis aquí defendida, se explicará, primero, las razones por las cuales la tesis de Roxin atinente a los delitos de infracción del deber, en su forma original, resulta inaplicable en Colombia y, luego de ello, el por qué igualmente la postura de la jurisprudencia vigente de la Corte Suprema de Justicia sería equivocada.

5.2.1. Razones por las cuales la tesis de Roxin, en su forma original, resulta inaplicable en Colombia

En los *delitos comunes* funciona bastante bien la teoría del dominio del hecho en su versión más acabada, es decir, en la desarrollada por Claus Roxin en 1963, al permitir explicar con coherencia las distintas formas de *autoría* existentes y su distinción con las dos clases de *participación* usualmente establecidas en las legislaciones penales: la inducción y la complicidad[131]. Así mismo, resulta razonable, con base en esta teoría, atribuir la calidad de *autor* a la persona que domina el hecho y *partícipe* a quien no lo hace de ninguna forma, pudiéndose clasificar en consecuencia las distintas tipologías de autoría dependiendo de la clase de control que el sujeto tenga sobre la conducta punible; esto es, *autor directo* (si tiene dominio de la *acción* típica al ejecutarla por sí mismo[132]), *coautor* (si tiene dominio

---

131 CP. *"ARTÍCULO 30. PARTICIPES. Son partícipes el determinador y el cómplice."*

132 CP. *"ARTÍCULO 29. AUTORES. Es autor quien realice la conducta punible por sí mismo (...)"*

de una *función esencial en la fase ejecutiva*[133]) o *autor mediato* (si tiene el dominio de la *voluntad* del autor directo y, por ende, lo instrumentaliza[134]).

Igualmente, es posible utilizar esta teoría, sin transformaciones de ninguna clase, en *delitos especiales* cuando los únicos que intervienen son *intraneus* (personas que cumplen todas las calidades especiales exigidas por el tipo penal) y actúan dominando la acción, la función o la voluntad de otro *intraneus.* En estos casos, ninguna dificultad se presenta dado que, a modo de ejemplo, si en un *Peculado por apropiación* o en una *Administración desleal* los que ejecutan el verbo rector, o se dividen el trabajo criminal actuando en la fase ejecutiva del mismo mediante una aportación fundamental al punible, o empleando a otro como instrumento al dominar su voluntad por medio de coacción o error, son a su vez sujetos activos que cumplen con cada una de las calificaciones especiales exigidas por tales tipos penales (como serían en nuestro ejemplo, respectivamente, la condición de "servidores públicos a quienes se le haya confiado bienes del estado por razón o con ocasión de sus funciones", en el primer delito, o "administrador de hecho o de derecho, o socio de cualquier sociedad constituida o en formación, directivo, empleado o asesor en ejercicio de sus funciones", respecto de la última conducta punible), la imputación que habrá de hacerse a tales personas como *autores directos, coautores* o *autores mediatos,* según el caso, surgirá absolutamente clara y operará por las mismas razones que en los *delitos comunes.* También, otra posibilidad, que será la que aquí se defienda en atención al especial *dominio en la protección del bien jurídico* es que todos los *intranei* que intervengan en el hecho sean, en casos como los ejemplificados en este párrafo, coautores.

De esta manera, la complejidad de la calificación surgiría, para los *delitos especiales,* particularmente, en dos grupos de casos: **(i)** cuando a la ejecución de la conducta punible se une un *extraneus* que materialmente tiene dominio del hecho, pero que normativamente no pueden ser autor de ninguna clase y **(ii)** cuando el *intraneus,* en un sentido estricto y material, no domina el hecho porque ni realiza el verbo rector, ni interviene en la fase ejecutiva del delito mediante

---

133 CP. *"ARTÍCULO 29. AUTORES. Inc. 2. Son coautores los que, mediando un acuerdo común, actúan con división del trabajo criminal atendiendo la importancia del aporte."*

134 CP. *"ARTÍCULO 29. AUTORES. Es autor quien realice la conducta punible (...) utilizando a otro como instrumento."*

un aporte esencial al mismo, ni tampoco está instrumentalizando al ejecutor directo de la acción descrita por el punible, pero que a pesar de ello, sí cumple con las condiciones especiales para ser sujeto activo del tipo penal (por ejemplo, cuando intervienen dos *intraneus:* uno con dominio material de hecho y otro que no lo tenga al haber tan solo inducido al primero a realizar el delito). Así mismo, para esta segunda hipótesis, es posible que también se sume, al tiempo, la dificultad del primer grupo de casos, como cuando concurre un *intraneus* sin dominio material del hecho (verbigracia, realizando una inducción al delito) y un *extraneus* con dominio material del hecho (quien ejecuta el verbo rector). En todos estos eventos, la *teoría del dominio del hecho* –en el sentido inicialmente descrito– pareciera no funcionar y, por esa razón, Claus Roxin ideó la tesis de *los delitos infracción del deber* en cuyas hipótesis las estructuras y fundamentos de imputación cambian, pues el dominio del hecho se elimina por completo del análisis para ocupar su lugar la existencia y violación de deberes extrapenales radicados en cabeza de determinados sujetos especiales: los *intranei.* Así pues, se podría ser *autor mediato,* aunque en el caso no exista un autor directo y el *extraneus* que concurra sea quien domine el hecho, más no el *intraneus,* como sucede cuando un servidor público, a quien se le ha confiado la custodia de dineros del estado, induce a un particular a su apoderamiento, porque en casos como estos, el *autor* ya no será quien domine el hecho, sino quien *infrinja el deber extrapenal radicado en su ámbito de competencia.*

No obstante, existen razones intranormativas y también histórico-dogmáticas que impiden utilizar en Colombia la tesis de Roxin acerca de los delitos de infracción del deber en su forma original. Dichas razones son las siguientes: **(i)** desde el punto de vista intrasistemático o intranormativo, el artículo 30, inciso 4, del CP no calza bien y coherentemente con las consecuencias jurídicas de la teoría de Roxin porque, de aplicarse la misma, según veremos más adelante, siempre tendría que clasificarse el *extraneus* (salvo en casos de inducción) como un *cómplice* (independientemente del grado material de intervención que realice) lo que viabilizaría una doble rebaja de la pena sin justificación fáctica y jurídica atendibles en muchos casos; y **(ii)** desde un punto de vista histórico-dogmático *la teoría de los delitos de infracción del deber*, aunque nació para cobijar prácticamente todos los delitos especiales, poco a poco fue reduciendo su espectro (salvo en visiones del funcionalismo radical de Jakobs y sus seguidores) al punto que el propio Roxin la *"ha relativizado ampliamente"*[135], pues como ha puesto de presente Schünemann ella surgió en un contexto y circunstancias muy particulares en 1963 partiendo del

> *estado de las nociones generales de aquel entonces, tanto en sentido jurídico-teórico como también en relación con la dogmática de los delitos de omisión. Por tanto, desarrolló, sobre una base que desde la perspectiva actual es obsoleta en un doble sentido, una concepción acorde de autoría y que, por esa razón, hoy también es obsoleta*[136].

Así pues, más allá de las críticas que la doctrina le ha realizado a esta teoría (en punto del principio de legalidad), lo que sería realmente determinante para no considerarla aplicable en Colombia son las siguientes razones de tipo histórico-dogmáticas (adicionales a la problemática de la doble rebaja no justificada que fuera anunciada el inicio de este párrafo): *primero,* porque fue hija de su tiempo –uno que ya pasó– y, como se mencionó al recordar a Schünemann, permitió que Roxin la estructurara teniendo como punto de inspiración los delitos de omisión impropia en una época en la que aún se fundamentaba la posición de garantía desde los denominados *deberes jurídicos extrapenales* civiles, comerciales, y de otra clase, acorde la imperante teoría formal del deber jurídico. Pero como dicha teoría terminó siendo abandonada y considerada incorrecta, inclusive por el mismo Roxin, al acoger la tesis del *"dominio sobre el suceso"*[137] y del *"dominio sobre una fuente de peligro"*[138] como fundamentos materiales de la posición de garantía y consecuente *"equiparación de la omisión con el hacer activo"*[139], en contraposición a la antigua *"infracción de un deber especial extrapenal"*[140] que ya no constituiría la razón decisiva de dicha equivalencia, la base de los *Pflichtdelikte* se habría derrumbado así como las premisas que en otrora les dieron una justificación a su existencia. Sin embargo, se tiene también un *segundo* argumento dogmático y constitucional que explica el por qué es necesario abandonar la teoría de los delitos de infracción del deber en Colombia: la desconexión estructural de esta teoría con la

---

135 *Schünemann*, Bernd. "El dominio sobre el fundamento del resultado: base lógico-objetiva común para todas las formas de autoría". *Derecho Penal y Criminología*, 2004, 13-26. La referencia aparece en la **nota a pie de página n.° 44.**

136 *Ibidem.*

137 *Ibidem.*

138 *Ibidem.*

139 *Ibidem.*

140 *Ibidem.*

doctrina del bien jurídico y los principios que de ella se derivan por cuanto, a diferencia de la teoría del dominio del hecho que se deduce directamente de la protección que el Derecho penal debe hacer de ellos, aquella tesis pareciera no tener ninguna relación directa con esa finalidad esencial del orden jurídico penal, sino más bien casual y contingente, lo que, sin lugar a dudas, conspiraría en su contra al momento de ser aplicada en Colombia, porque doctrinal y jurisprudencialmente se ha establecido que aquí opera, obligatoriamente, *"el principio de exclusiva protección de bienes jurídicos de acuerdo con el cual, el Derecho penal está instituido exclusivamente para la protección de bienes jurídicos"*[141].

Inclusive, la estrecha vinculación que tiene la doctrina del *dominio del hecho* con la teoría del bien jurídico, en contraposición a la que ofrece la tesis de la *infracción del deber* como criterio de distinción entre *autores y partícipes* cuya conexión no pareciera evidente, ha sido puesta de presente por el propio Roxin para quien tal principio tiene repercusiones concretas y fundamentales *"para la Dogmática del injusto jurídico-penal"*[142], por ejemplo, *"en la determinación de la autoría y participación"*[143] al señalar que una de las capacidades de rendimiento de esta finalidad del derecho penal es mostrar la superioridad y corrección de la teoría del dominio del hecho sobre otras por cuanto *"si el injusto se describe como menoscabo de un bien jurídico, autor sólo puede ser quien a través de su conducta domina este menoscabo, mientras que intervinientes sin este dominio serán cooperadores o inductores"*[144]. Por lo tanto, la participación se concebiría como *"un ataque a un bien jurídico llevado a cabo sin cualificación de autor"*[145] debiendo *"quedar impune en los casos en que falta un ataque a un bien jurídico"*, verbigracia, *"quien solicita a otro que lo mate no puede ser sancionado penalmente por ello, porque nadie puede lesionar su propia vida de un modo punible"*.

---

141 Corte Constitucional, Sentencia C-365 de 2012. Más recientemente C-233 de 2019; C-164 de 2022

142 *Roxin, Claus.* "El principio de protección del bien jurídico y su significado para la teoría del injusto". En: *Ambos, Kai & Böhm, María Laura.* (Editorial Temis, 2012), 296.

143 *Ibidem*, 302.

144 *Ibidem*, 303. Esta misma posición la expone: *Roxin, Claus.* "Fundamentos político-criminales y sistemáticos del Derecho penal" que aparece en el libro del mismo autor llamado *Estudios de Derechos penal,* (Editorial Colección Estudios Internacionales y Ediciones Nueva Jurídica), 36-40.

145 *Ibidem*, 306.

Así mismo, particularmente revelador resulta el texto de Roxin, *Fundamentos político-criminales y dogmáticos del Derecho penal,* en el cual sintetizó una buena parte de sus tesis científicas en estos ámbitos, anclando cada una de ellas a una idea medular: que *"el objetivo central del derecho penal reside en la protección de bienes jurídicos"*[146]. De esta manera, al referirse a la distinción entre *autor* y *partícipe,* al igual que a la delimitación conceptual y estructural de tales categorías dogmáticas, manifestó que ello solo puede y debe hacerse *"desde la idea de la protección del bien jurídico"*[147], pasando a explicar entonces que la tesis fundamental desde la cual se podría comprender la diferencia mencionada sería únicamente la tesis del *dominio del hecho,* no aludiendo jamás a la perspectiva de los delitos de infracción del deber, quizás, porque ella no se encuentra anclada de forma clara con la teoría del bien jurídico.

No obstante, según veremos más adelante algunos aspectos de la teoría de Roxin sí resultan compatibles con la legislación colombiana; Vgr., la idea acerca de que la distinción entre *autores* y *partícipes* no puede establecerse con la visión tradicional del *dominio del hecho,* lo cual, sin embargo, no implica su abandono definitivo, ni tampoco la utilización del concepto de *"infracción del deber"* como solución a tal problema según lo piensa Roxin, sino más bien la reformulación teórica de aquella doctrina al incluir como cuarta dimensión (adicional al dominio de la acción, la función y la voluntad) el ***dominio en la protección del bien jurídico*** como *razón fáctico-jurídica* que justificaría, en todos los casos, la atribución de *autoría* al *intraneus* en los delitos especiales y su imposibilidad de ser partícipes, partiendo de la idea esbozada por Schünemann y según la cual el dominio sobre el fundamento del resultado es la *"base lógico-objetiva común para todas las formas de autoría"*[148]. Esto, por supuesto, sería compatible con una de las ideas más importantes del propio Roxin al establecer el principio orientador encargado de determinar el concepto de "autoría": *"que el autor es la figura central del acontecer en forma de acción"*[149], como en estos casos lo sería el *intraneus* siempre. Además,

---

146 *Roxin, Claus.* "Fundamentos político-criminales y dogmáticos del Derecho penal", 113.

147 *Ibidem,* 116.

148 *Schünemann,* Bernd. 2004. El dominio sobre el fundamento del resultado: base lógico-objetiva común para todas las formas de autoría, 13-26.

149 *Roxin,* "Täterschaft un Tatherrschaft" ["Autoría y dominio del hecho"], 44. También se resalta esa idea central en: *Greco/Leite,* "O que é e o que não é a teoria

se tomaría en serio y hasta sus últimas consecuencias la idea rectora ya mencionada de todo su sistema jurídico y de la que tendrían que derivarse las instituciones dogmáticas: *"que el objetivo del Derecho penal reside en la protección de bienes jurídicos"*[150], razón por la cual

> *el injusto penal no se funda (...) en hechos ónticos (...) sino que se desprende (...) de las condiciones normativas de una efectiva protección del bien jurídico"*[151] *por lo que "también las formas de presentarse el injusto – dolo y culpa, tentativa,* ***autoría y participación****, omisiones impropias – puede explicarse desde la idea de protección del bien jurídico*[152].

Inclusive, la visión de Schünemann le resulta a Roxin interesante y solo considera que requiere un mayor desarrollo, refiriéndose a él de la siguiente manera:

> *Las grandes diferencias que se producen en la delimitación de autoría y participación entre delitos de dominio y de infracción de deber no cambian para nada el hecho de que sus conceptos de autor coinciden en el punto de referencia superior de la "figura central del suceso o acontecer típico". Sólo son diferentes manifestaciones de este principio rector. Schünemann intenta una conciliación aún más estrecha, interpretando los delitos de infracción de deber como casos de "dominio de protección sobre el bien jurídico" o en formulación más reciente "dominio del suceso o acontecimiento en el sentido de control sobre un ámbito social" y con ello como una manifestación más de los delitos de dominio. Así, el deber de protección o tutela del patrimonio en la administración o gestión desleal se basaría en una "posición de custodia o protección y de proximidad respecto a un patrimonio ajeno" y el deber de silencio o secreto en el § 203 en la "concesión de un dominio' sobre la esfera secreta ajena. De este modo, pretende constituir "un principio normativo fundamental unitario del dominio del hecho". (...) Tales esfuerzos, que requieren aún de ulterior elaboración, son fructíferos; pero no deben nivelar o igualar las diferencias que se producen en la delimitación de las formas de intervención.*

---

do domínio do fato. sobre a distinção entre autor e partícipe no direito penal", en el libro: *Greco/Leite/Teixeira/Assis,* "Autoria como domínio do fato. Estudos introdutórios sobre o concurso de pessoas no direito penal brasileiro", Marcial Pons, 2014, 24 y ss.

150 *Roxin, Claus.* "Fundamentos político-criminales y dogmáticos del Derecho penal", 113.

151 *Ibidem*, 115.

152 *Ibidem*, 116.

Ahora bien, respecto a la configuración de la *doble rebaja* como *segundo* argumento práctico de por qué la teoría de los delitos de infracción del deber, en su formulación original, no encaja bien en Colombia ante la existencia del *interviniente,* ello se puede visualizar de forma práctica en el siguiente ejemplo:

En un *Homicidio simple doloso* (un clásico delito de dominio o común), si una persona ***A*** induce a otra ***B*** para que a su vez determine a un tercero ***C*** a causar la muerte al sujeto pasivo, ***A*** y ***B*** serían *determinadores* (en cadena) y ***C*** el *autor directo.* En ese caso los tres tendrían la misma pena que, en Colombia, para tal delito base es de prisión de doscientos ocho (208) a cuatrocientos cincuenta (450) meses.

Por el contrario, si ahora construimos el ejemplo con un delito especial como la *Concusión,* la calificación jurídica cambia y dependerá de la teoría que se acoja. Así pues, si una persona ***A*** (con calidad de *extraneus*) induce a otra ***B*** (que cumpla las condiciones exigidas por el art. 404 del CP, es decir, un *intraneus*) para que a su vez determine a un tercero ***C*** (también *extraneus*) a constreñir o solicitar a una víctima a dar a ***B*** (el servidor público) dinero o cualquier otra utilidad indebidos por acto que deba ejecutar en el desempeño de sus funciones (por ejemplo, proferir una decisión que favorezca los intereses del coaccionado que dará el dinero, dada la condición de Juez que tiene ***B*** y en cuyo despacho se tramita un caso de sucesión por causa de muerte), veremos que si aplicamos la **tesis de Roxin** la solución es esta: ***A*** sería un *determinador* de la *Concusión;* ***B*** el *autor mediato* (por ser el único capaz de infringir el deber a él asignado); y ***C*** un *cómplice* de tal delito (pues, al ser un *extraneus,* aun cuando su contribución haya sido determinante en la realización del tipo penal desde un punto de vista del *dominio del hecho* – al ejecutar directamente el verbo rector –, jamás podrá ser considerado autor porque *"en todos estos casos el criterio determinante para la autoría reside en una infracción de deber"*[153], debiéndose, en consecuencia, para realizar la calificación jurídica tales clases de delitos *"eliminar por completo el criterio del dominio del hecho"*[154]).

De esta manera, si se buscara aplicar en su pureza la tesis de Roxin en Colombia la calificación y penas serían las siguientes: ***A*** como *determinador* tendría *"la pena prevista para la infracción"* (art. 30, inc. 2, CP) la cual es para la *Concusión* (art. 404 del CP) prisión de

153 *Roxin,* "Täterschaft un Tatherrschaft" ["Autoría y dominio del hecho"].

154 *Ibidem,* 389.

96 a 180 meses, multa de 66.66 a 150 salarios mínimos legales mensuales vigentes e inhabilitación para el ejercicio de derechos y funciones públicas de 80 a 144 meses. ***B*** en su calidad de *autor* tendría la misma pena y ***C*** al calificarse como *cómplice* según la tesis de Roxin, incurriría según el art. 30, inc. 3, *"en la pena prevista para la correspondiente infracción disminuida de una sexta parte a la mitad"*. Así pues, a ***C*** la pena le quedaría así (utilizando los criterios previstos en el art. 60.5 del CP[155]): prisión de 48 a 150[156] meses, multa de 33,33 a 125 salarios mínimos legales mensuales vigentes, e inhabilitación para el ejercicio de derechos y funciones públicas de 40 a 120 meses.

Sin embargo, a tales penas imputadas habría que rebajársele lo previsto en el artículo 30, inciso final, del CP en el caso de los *extraneus,* pues según dicho enunciado normativo *"Al interviniente que no teniendo las calidades especiales exigidas en el tipo penal concurra en su realización, se le rebajará la pena en una cuarta parte."* En consecuencia, la pena quedaría así (utilizando los criterios previstos en el art. 60.1 del CP[157]): ***A*** en su calidad de *determinador* incurriría en prisión de 72 a 135[158] meses, multa de 49,995 a 112,5 salarios mínimos legales mensuales vigentes, e inhabilitación para el ejercicio de derechos y funciones públicas de 60 a 108 meses; ***B*** al ser *autor* conserva-

155 *"ARTÍCULO 60. PARAMETROS PARA LA DETERMINACIÓN DE LOS MÍNIMOS Y MÁXIMOS APLICABLES. Para efectuar el proceso de individualización de la pena el sentenciador deberá fijar, en primer término, los límites mínimos y máximos en los que se ha de mover. Para ello, y cuando hubiere circunstancias modificadoras de dichos límites, aplicará las siguientes reglas: 5. Si la pena se* ***disminuye*** *en* ***dos proporciones****, la mayor se aplicará al mínimo y la menor al máximo de la infracción básica."*

156 Se obtienen estos valores de la siguiente operación matemática: [96-(1/2 de 96)] y [180-(1/6 de 180)] al ser 1/2 > 1/6 y deberse aplicar la *mayor* disminución al *extremo mínimo de la pena* según el art. 60.5 del CP. Igual se hace con las restantes penas de multa e inhabilitación, pero son sus valores correspondientes.

157 *ARTÍCULO 60. PARAMETROS PARA LA DETERMINACIÓN DE LOS MÍNIMOS Y MÁXIMOS APLICABLES. Para efectuar el proceso de individualización de la pena el sentenciador deberá fijar, en primer término, los límites mínimos y máximos en los que se ha de mover. Para ello, y cuando hubiere circunstancias modificadoras de dichos límites, aplicará las siguientes reglas: 1. Si la pena se aumenta o* ***disminuye*** *en* ***una proporción*** *determinada, ésta se aplicará al mínimo y al máximo de la infracción básica.*

158 Se obtienen estos valores de la siguiente operación matemática: [96-(1/4 de 96)] y [180-(1/4 de 180)] por cuanto la rebaja prevista para el interviniente de 1/4, según el art. 60.1 del CP, debe ser aplicada tanto al extremo mínimo como al máximo de la infracción básica. Igual se hace con las restantes penas de multa e inhabilitación, pero son sus valores correspondientes.

ría la pena total del art. 404 del CP y consistente en prisión de 96 a 180 meses, multa de 66.66 a 150 salarios mínimos legales mensuales vigentes e inhabilitación para el ejercicio de derechos y funciones públicas de 80 a 144 meses; y ***C*** al ser calificado como *cómplice* según la tesis de Roxin, tendrá que concedérsele, además de la rebaja prevista en el art. 30, inciso 3 del CP y que se dosificó en el párrafo anterior, la rebaja prevista por en nuestra ley al no tener *"las calidades especiales exigidas en el tipo penal"* quedando así: prisión de 36 a 112,5[159] meses, multa de 24,9975 a 93,75 salarios mínimos legales mensuales vigentes, e inhabilitación para el ejercicio de derechos y funciones públicas de 30 a 90 meses.

Si en vez de *Concusión,* como se explicó, fuera por ejemplo una *Extorsión* (un delito también de dominio) en la cual una persona ***A*** induce a otra ***B*** para que a su vez determine a un tercero ***C*** a constreñir a una víctima a dar a ***B*** (un guerrillero, un paramilitar o miembro de banda criminal) dinero mensual para no hacerle daño, se tendría que ***A*** y ***B*** al ser ambos *determinadores* y ***C*** el *autor directo* tendrían la misma pena, mientras que en el delito de infracción del deber, al utilizar la **tesis de Roxin,** el que realiza el verbo rector, por ser un *extraneus,* ¡aunque ejecute el verbo rector y materialmente, por ello, tenga dominio de la acción!, tendrá que ser calificado como *cómplice* lo que conllevará una sustancial rebaja a la que tendrá que agregarse la del inciso final del art. 30 del CP, precisamente, por ser *extraneus.*

Sin embargo, si ya el legislador estableció que a los *extraneus* se les debía rebajar 1/4 parte de la pena, ello significaría que no es razonable, además, conceder la rebaja prevista para el *cómplice* cuya calificación jurídica se habría asignado, siguiendo a Roxin, precisamente, por carecer de las calidades especiales exigidas en el tipo penal y no por la razón en la cual se justifica a nivel legal la atenuación de la complicidad en Colombia; esto es, por la inexistencia de dominio material del hecho en su intervención al tratarse, tan solo, de una contribución a la conducta punible y no de su co-ejecución. Todo ello en atención al principio de exclusiva protección de bienes jurídicos como finalidad esencial del Derecho penal.

---

159 Se obtienen estos valores de la siguiente operación matemática (tomando las penas ya dosificadas *luego de la rebaja* de la *complicidad*): [48-(1/4 de 96)] y [150-(1/4 de 180)] por cuanto la rebaja prevista para el interviniente de 1/4, según el art. 60.1 del CP, debe ser aplicada tanto al extremo mínimo como al máximo de la infracción básica. Igual se hace con las restantes penas de multa e inhabilitación, pero son sus valores correspondientes.

De esta manera, la tesis de Roxin, en su formulación original, sería incompatible con las reglas legales previstas para el *interviniente* porque habilitaría una *doble rebaja* que carecería de justificación razonable y que no podría ser obviada cuando se calificara a todo *extraneus* (salvo en el caso de los determinadores), sin importar lo que hiciera o su rol, como *cómplices* dado el imperativo legal de atenuación que ordena el artículo 30, inciso 3, del CP.

Entonces, para evadir la doble rebaja, sin a la vez violar los principios de legalidad de la pena y favorabilidad, se tendría que renunciar a calificar al *extraneus* como cómplice *tan solo por el hecho* de ser un *extraneus* y, en consecuencia, atribuir otra calificación jurídica. Pero ¿cuál? Para responder a esta pregunta se podría regresar al uso de la teoría del dominio del hecho y así imputarle a *C* la calidad de *autor directo* al haber tenido el *dominio de la acción* mediante la *ejecución material del verbo rector* previsto en el artículo 404 del CP. No obstante, sería una especie de *autor directo, desde una perspectiva ontológica, pero que jurídicamente no podría serlo* por no tener *"las calidades especiales exigidas en el tipo penal"*. A pesar de ello, en vez de *recalificar* su intervención (como hace Roxin que lo consideraría un *cómplice*), lo que se haría es mantener la *calificación jurídica usual que se atribuye con la tesis del dominio del hecho, pero rebajándole la pena prevista* en el inciso final del art. 30 del CP. Así pues, esta clase de personas podríamos llamarlos (cuasi)autores directos, (cuasi) autores mediatos y (cuasi)coautores o, utilizando la propia expresión del CP, autor directo *interviniente,* autor mediato *interviniente* y coautor *interviniente,* dependiendo de la clase de *dominio del hecho* que tenga el *extraneus:* dominio de la acción, de la voluntad o de función.

Mas al hacer esto, como ya se dijo, se estaría excluyendo la posibilidad de usar teoría de Roxin en lo relativo a los delitos de infracción del deber y otros delitos especiales, pues, según este autor, para diferenciar *autores* y *partícipes* en estos casos es necesario *"eliminar por completo el criterio del dominio del hecho"*[160] y, justamente, lo que estaríamos haciendo es lo contrario: usar el dominio del hecho como instrumento conceptual y dogmático que permite diferenciar autores y partícipes, para luego asignar la rebaja prevista en el inciso final del artículo 30 del CP a los *autores* (art. 29) o *partícipes* (art. 30) que sean *extraneus* o, en la terminología legal colombiana, *intervinientes.*

---

160 *Roxin,* "Täterschaft un Tatherrschaft" ["Autoría y dominio del hecho"].

5.2.2. Errores de la jurisprudencia colombiana

5.2.2.1. Es una postura carente de claridad y asistemática

En un Estado Social y Democrático de Derecho es esperable que los jueces tomen decisiones consistentes y claras que permitan materializar el derecho fundamental a la igualdad acorde al cual *"todas las personas (...) recibirán la misma protección y trato de las autoridades"* (art. 13 de la Constitución Política). Por lo tanto, una construcción jurisprudencial ambigüa y asistemática impide lograr la optimización de tal mandato y, además, incumple con uno de los cometidos básicos de una Alta Corporación de Justicia: la estandarización o unificación de la interpretación que deberá realizársele a la ley penal (Ley 270 de 1996, art. 16, inc. 2; Constitución Política, art. 235, numeral 1; y Ley 906 de 2004, art. 180.).

Sin embargo, inclusive en lo relativo a la figura del *interviniente* la Sala de Casación Penal, aunque ha sido consistente en aplicarla tan solo para la *autoría* desde el año 2003, se ha construido de manera oscura en los siguientes puntos: **(i)** en la mayoría de providencias la Corte Suprema de Justicia ha considerado que el *interviniente* tan solo aplica para una única forma de *autoría:* la denominada *coautoría* (propia o impropia), es decir, cuando tanto el *intraneus* como el *extraneus* han intervenido en la fase ejecutiva del delito, realizando *ambos* el verbo rector (coautoría propia o también llamada en otras latitudes como autorías directas accesorias) o mediante distribución del trabajo criminal con aporte esencial de los dos sujetos (coautoría impropia), excluyendo así aquellos hechos en los cuales el *extraneus* ha actuado con "dominio de la acción" y el *intraneus* sin este tipo de control (por ser mero inductor o cómplice) o la hipótesis en la que el *extraneus* ha llevado a cabo un dominio de la voluntad del *intraneus,* dejando en el limbo jurídico la calificación que para esos casos debería darse por creer la Alta Corporación de Justicia que el *extraneus* solo puede ser coautor, determinador o cómplice, olvidando que, si se sigue la propia línea jurisprudencial de la Sala de Casación Penal en la cual se toma como criterio hermenéutico el dominio del hecho con segregación de la tesis de los delitos de infracción del deber, también sería posible que concurriera éste como autor directo o como autor mediato); **(ii)** de forma aislada, sin señalar si está cambiando de criterio o precisando el anterior, ha indicado que el *interviniente* es el quien *"realiza la conducta descrita en el tipo penal, ya sea por-*

que la ejecuta directamente o porque mediante división de trabajo participa en la ejecución de la conducta descrita en el tipo especial"[161], admitiendo así la posibilidad de un *autor directo* ***interviniente*** al lado de un *coautor* ***interviniente,*** aun cuando en la mayoría de providencias señala que *"el concepto de interviniente, contenido en la Ley 599 de 2000, artículo 30, inciso 4°, se refiere* ***exclusivamente*** *a los "****coautores****" extraneus de un delito especial"*[162], lo que genera dudas frente a la posibilidad de utilización de tal figura; y **(iii)** por último, tampoco deja en claro la **calidad** que tiene el *interviniente* pues en algunos casos lo considera un verdadero *"coautor"* pero que por no cumplir las exigencias especiales requeridas por el tipo penal debe rebajársele la pena, mientras que en otras ocasiones lo clasifica como un *"partícipe"* pareciendo así que la Corte consideraría que existen tres clases de partícipes: el determinador, el cómplice y el interviniente. Sin embargo, esto tendría unas implicaciones importantes en diversos casos por cuanto tal postura no podría aplicarse sin tener en cuenta el *principio de accesoriedad de la participación,* razón por la cual, por ejemplo, en hipótesis de *intraneus* sin dominio del hecho que inducen a *extraneus* con dominio de la acción, la imputación del delito especial sería dogmáticamente imposible pues en tales casos no existiría ningún autor.

Finalmente, resulta basta extraño que la Corte Suprema de Justicia decida atribuir la atenuación punitiva prevista en el artículo 30 del CP, donde se regulan los **partícipes**, únicamente a los **coautores** que normativamente aparecen en otro lugar (art. 29 del CP) y solo a ellos dejando por fuera al *cómplice* y al *determinador* como destinarios obvios de la disminución de la pena (por mera exégesis legal) y a los *autores mediatos* y *autores directos* frente a los que también sería necesario estudiar las exigencias especiales que requiera los delitos con sujeto activo calificado. Por ende, si la postura de la Corte fuera consistente se aplicaría a todos la rebaja punitiva: a cada clase de autor existente porque sería quien más lo necesitaría ante la dificultad presentada por ser *extraneus* y a los cómplices y determinadores porque la ubicación del precepto de atenuación se halla justamente en el artículo 30 donde se regulan los partícipes. No obstante, curiosamente, tan solo lo destina a la coautoría.

---

161 Vgr. Rad. 61110 de 2022.

162 Vgr. Rad. 51444 de 2020.

5.2.2.2. Viola la proporcionalidad de las penas y no tiene en cuenta el principio de exclusiva protección de bienes jurídicos

El hecho de que la Corte Suprema de Justicia circunscriba la aplicación del *interviniente* tan solo al *coautor sin cualificación en delito especial* conlleva la asignación de penas de forma desproporcionada o inequitativa a las distintas personas que concurran en la realización de la conducta punible sin importar el grado de compromiso penal de cada uno. Así pues, al *coautor sin cualificación* que actúue **con dominio del hecho** se le realizaría una rebaja de la pena, mientras que al *determinador* que, ademáas de no tener dicha calidad especial, intervenga **sin dominio del hecho** se le impondría la misma pena del *autor cualificado,* castigándose por ende de peor forma quien materialmente hizo menos.

Esto, por supuesto, no solo muestra que la Corte Suprema de Justicia, aunque dice segregar la tesis de los delitos de infracción del deber y asumir la teoría del dominio del hecho, en realidad, no se la toma en serio y la utiliza a conveniencia para sus casos sin extraer de ella los efectos que a nivel material correspondería, sino que adicionalmente deja de lado el **principio de exclusiva protección de bienes jurídicos,** por cuanto si la finalidad esencial del Derecho penal es la protección de tales bienes y, por ende, quien tiene el control sobre el hecho es a quien más debemos enviar el mensaje de evitación del comportamiento, no se entendería bajo qué argumento constitucional estaría justificado imponer más pena a quien ningún dominio del hecho haya tenido y rebajar la sanción al que actúe con claro dominio funcional de la conducta punible.

De esta manera, la tesis de la Corte implica una infracción de la doble prohibición que se deriva del principio de proporcionalidad: la prohibición de exceso[163] (pues impone más pena a quien ningún control tuvo del hecho, el *determinador*) y la prohibición de defecto[164] (dado que premia mediante rebaja de la pena a quien actuó con pleno dominio funcional del delito, el *coautor sin cualificación* en el delito especial).

---

163 Corte Constitucional, Sentencia C-368 de 2014.

164 Entendida en un sentido jurídico-penal y no solo a nivel constitucional como aparece en la Corte Constitucional, Sentencia C-822 de 2005.

5.2.3. *Razones que justifican considerar la teoría del dominio del hecho en la versión de Schünemann y ampliada mediante el denominado "dominio de protección del bien jurídico"[165] la teoría aplicable en Colombia para delitos especiales*

Es necesario partir, en primer lugar, de una serie de presupuestos teóricos fundamentales: **(i)** que el cometido esencial del Derecho penal es la ***"protección subsidiaria de bienes jurídicos"[166]***; **(ii)** que el concepto de bien jurídico se deriva de los contenidos plasmados en una Constitución Política y, por ello, es *"vinculante políticocriminalmente"[167]*, erigiéndose inclusive en principio constitucional en Colombia según se observa en la propia jurisprudencia de la Corte Constitucional[168] y la doctrina mayoritaria[169]; **(iii)** que la teoría de los bienes jurídicos, desde un punto de vista pragmático y dogmático, es preferible a otras visiones pues aporta *"una mayor armonía entre la teoría de la pena y los tipos penales, entre las condiciones generales de legitimidad de las prohibiciones y el alcance concreto de las prohibiciones; dicho con otras palabras: entre la política criminal y el sistema jurídico-penal"[170]*; y **(iv)** que el criterio determinante para derivar *consecuencias dogmáticas precisas y validables* desde el "bien jurídico" es el denominado *"criterio o control sobre aquello que se estaba en vías de realizar"[171]* y máxime para diferenciar autores

---

165 *Schünemann,* "Die deutschsprachige Strafrechtswissenschaft nach der Strafrechtsreform im Spiegel des Leipziger Kommentars und des Wiener Kommentars, 2. Teil; Schuld und Kriminalpolitik", GA 1986, 331. También: LK-*Schünemann,* 11a, § 14, nm. 17.

166 *Roxin/Greco,* AT, 5ª [PG I], §2, nm. 1 ss.

167 *Roxin/Greco,* AT, 5ª [PG I], §2, nm. 9 ss.

168 Corte Constitucional, Sentencia C-365 de 2012. Más recientemente C-233 de 2019; C-164 de 2022

169 Para las referencias en Colombia: *Peláez/Quintero,* "Esquemas del delito. Requisitos para la existencia de una conducta punible", Tirant lo Blanch, Edición 2022, pp. 155 y ss.

170 *Greco,* "Lo vivo y lo muerto en la teoría de la pena de Feuerbach. Una contribución al debate actual sobre los fundamentos del Derecho penal", Marcial Pons, Edición 2015, 276.

171 *Greco,* "Dolo sin voluntad", Grijley, primera edición, 2019, 165. Así mismo, en tal texto se citan como referencias que apoyan este criterio las siguientes: *Schünemann,* "Vom philologischen zum typologischen Vorsatzbegriff", en: Festschrift für Hirsch, Berlín/Nueva York, 1999, pp. 363 y ss. (p. 371); sobre el concepto de dominio en su relevancia para la teoría del injusto fundamental *Schünemann,* Grund und Grenzen der unechten Unterlassungsdelikte, Göttingen, 1971, 229 y ss., 236.; más recientemente ídem, "Lo permanente y lo transitorio del pensamiento de Welzel en la dogmática penal de principios del siglo XXI", en: *Hirsch/*

de partícipes dado que *"si el injusto se describe como menoscabo de un bien jurídico, autor sólo puede ser quien a través de su conducta domina este menoscabo, mientras que intervinientes sin este dominio serán cooperadores o inductores"*[172]. Este último criterio, que ya fue utilizado por Greco en otro lugar como parte de los argumentos con los cuales se fundamentó el por qué para el dolo sí estaba justificada la exigencia de conocimiento en sentido psicológico, es posible, *mutatis mutandi,* trasladarlo a la problemática aquí presentada, mediante la indicación precisa de las razones *consecuencialistas* y *deontológicas* que permitirían soportar el *dominio o control* como criterio decisivo para establecer la frontera y clasificación entre *autoría* y *participación,* así:

Desde un punto de vista *consecuencialista "la existencia de un dominio sobre la realización del hecho genera (...) una mayor necesidad de prevención"*[173] porque, primero, por ese control que se tiene sobre la conducta punible son mucho *"más peligrosas para los bienes jurídicos penalmente protegidos"*[174] y, segundo, *"también más pasibles de llegar a ser repensadas y abandonadas por los agentes que están a punto de practicarlas"*[175]. Ahora bien, en lo relativo a la perspectiva *deontológica,* la razón por la que se debería considerar "autor" únicamente a quien domina al hecho como figura central del delito[176] y, por ello, a quien se le debe imputar la pena prevista para el tipo penal, residiría

---

Cerezo/Donna (coords.), Hans Welzel en el pensameniento penal de la modernidad, Buenos Aires, 2005, pp. 251 y ss. (262 y ss.); ibidem, "El dominio sobre el fundamento del resultado", en: Homenaje a Rodríguez Mourullo, Navarra, 2005, 981 y ss. (987 y ss.); versión más actual en Leipziger Kommentar zum Strafgesetzbuch, 12ª. ed., vol. I, § 25 núm. 16, 39 y ss., con referencias. Próximos (aunque aquí estas referencias se utilizaron por su relación con el tema del *dolo* y el *dominio o control*) *Otto,* Grundkurs Strafrecht, 7ª. Ed., Berlín, 2004, § 7 núm. 26 ("dirigibilidad", Steuerbarkeit); Frisch, Vorsatz, 103 y ss., que habla de un "poder superior de evitación" (erhöhte Vermeidemacht) y también separa con cuidado el aspecto deontológico del consecuencialista

172 *Ibidem,* 303. Esta misma posición la expone: *Roxin, Claus.* "Fundamentos político-criminales y sistemáticos del Derecho penal" que aparece en el libro del mismo autor llamado *Estudios de Derechos penal,* (Editorial Colección Estudios Internacionales y Ediciones Nueva Jurídica), 36-40.

173 *Greco,* "Dolo sin voluntad", (Grijley, 2019), 166.

174 *Ibidem,* 166.

175 *Ibidem,* 166.

176 *Roxin,* "Täterschaft un Tatherrschaft" ["Autoría y dominio del hecho"]. También se resalta esa idea central en: *Greco/Leite,* "O que é e o que não é a teoria do domínio do fato. sobre a distinção entre autor e partícipe no direito penal", en el libro: *Greco/Leite/Teixeira/Assis,* "Autoria como domínio do fato. Estudos

en que aquel que actúa con dominio, por tener en sus manos el poder de decidir qué curso de acción tomará y, en cierta medida, qué consecuencias resultarán de ahí, posee ceteris paribus una responsabilidad mucho mayor, por la práctica de esta acción y por las consecuencias que se puedan producir, que aquel que actúa sin ese dominio[177].

Mas, a pesar lo anterior, es cierto que la teoría del dominio del hecho sin modificaciones no permite explicar satisfactoriamente la distinción entre autores y partícipes para delitos especiales. Así mismo, la teoría de los delitos de infracción del deber **(i)** tiene dificultades para extenderse correctamente a otras clases de delitos especiales; **(ii)** se construye al margen del principio de exclusiva protección de bienes jurídicos; y **(iii)** resulta incompatible, en algunos aspectos, con la figura del *interviniente* al viabilizar una doble rebaja no justificada.

De esta manera, es necesario verificar qué teoría puede explicar satisfactoriamente la atribución coherente de *autoría* y *participación* sin, a su vez, hacer letra muerta la rebaja del *interviniente* (dado el principio universal de conservación del derecho), pero tampoco convertirla en una cláusula de atenuación punitiva automática y carente de justificación externa que la haga irrazonable.

Son por estas razones que, retomando lo dicho, nos centraremos en tres ideas principales: **(i)** que todo el derecho penal gira en torno a una premisa esencial: la exclusiva protección de bienes jurídicos; **(ii)** que el autor es la figura central del delito; y **(iii)** que esa "centralidad" surge por el dominio del menoscabo de bienes jurídicos que tiene tal persona. O, en otras palabras, que *"autor sólo puede ser quien a través de su conducta domina este menoscabo, mientras que intervinientes sin este dominio serán cooperadores o inductores"*[178].

¿Quiénes entonces tienen ese dominio del hecho? En **delitos comunes** el domino surge de la realización personal del punible; es decir, de la ejecución inmediata de la acción típica o verbo rector del tipo penal (dominio de la acción). Pero también cuando se tiene un poder tan grande sobre el ejecutor material de la conducta que sería seme-

---

introdutórios sobre o concurso de pessoas no direito penal brasileiro", Marcial Pons, 2014, 24 y ss.

177 *Greco,* "Dolo sin voluntad", 167.

178 Ídem, p. 303. Esta misma posición la expone: *Roxin, Claus.* "Fundamentos político-criminales y sistemáticos del Derecho penal" que aparece en el libro del mismo autor llamado *Estudios de Derechos penal,* Editorial Colección Estudios Internacionales y Ediciones Nueva Jurídica, particularmente, en las pp. 36-40.

jante a la relación que existe entre la *marioneta* (autor directo) y el *titiritero* (autor mediato) al dominar el último la voluntad del primero, lo que le hace tener también, por esa razón, un dominio del hecho (por dominio de la voluntad). Y, por último, es observable que ese dominio también puede provenir de la co-ejecución de la conducta punible mediante la realización de un aporte fundamental a éste en la fase ejecutiva del *iter criminis* (esto es, dominio funcional del hecho).

En los **delitos especiales** el "autor" como figura central de delito, lo es por razones distintas a las anteriores. Su importancia no radica en el dominio de la acción, la función o la voluntad (aunque, eventualmente, también pueden concurrir en él estas características de su accionar). Sino que la razón por la cual *domina el hecho* y, por ende, puede ser considerado un "autor" es distinta: porque tiene el *control normativo, aunque efectivo, en la protección del bien jurídico.* Es decir, se encuentra en una situación fáctica y jurídica que le otorga una posición especial desde la cual, él es el único capaz de proteger o lesionar el bien jurídico central que se busca salvaguardar con la prohibición penal. Precisamente ese *dominio del hecho* tan particular lo hace un *garante* o *persona* con el *"deber jurídico de impedir un resultado perteneciente a una descripción típica (...) estando en la posibilidad de hacerlo"* (art. 25 del CP). Empero, es el *dominio especial en la protección del bien jurídico* lo que le hace surgir dicho deber y, a su vez, tal *dominio* ***efectivo*** *del hecho* lo que permite su atribución como autor del punible.

Por esa razón, en muchas ocasiones, el propio legislador, en la parte especial del Código Penal colombiano, consagra la **descripción específica de la clase de dominio en la protección del bien jurídico** que deberá tener el *intraneus.* Así pues, no basta con tener la calidad de "servidor público" para considerarse *autor* de una *Concusión, Cohecho, Prevaricato* o *Peculado por apropiación,* sino que, respectivamente, en cada uno de esos delitos se exige de una *situación fáctico-normativa concreta* que convierte al "servidor público" en una persona con **control o dominio efectivo (en contraposición a lo meramente hipotético) en la protección del bien jurídico.** Por ejemplo, en la *Concusión "no basta con que se tenga la calidad de servidor público, sino que es necesario el abuso de esa condición, que puede estar a su vez referido al cargo o a la función"*[179] (es decir, para su configuración, se exige de la función o el cargo que tiene el sujeto activo *"la vinculación que éste pueda tener*

---

179 CSJ Rad. 55173 de 2022

con una situación concreta"[180]). Igualmente, en el *Peculado por apropiación* es necesario que "al servidor público" el patrimonio del Estado *"se le haya confiado por razón o con ocasión de sus funciones"* para que se pueda decir que tal sujeto activo tenía control o dominio efectivo sobre la protección del bien jurídico: la Administración Pública. Y, finalmente, utilizando el ejemplo tradicional de la *Administración desleal* vemos que el artículo 250-B exige algo más que ser *"administrador de hecho o de derecho, o socio de cualquier sociedad constituida o en formación, directivo, empleado o asesor, que en beneficio propio o de un tercero"* para su cualificación como autor: que haya tenido una *función específica*[181] de la cual haya abusado para realizar la conducta punible.

Así las cosas, un *intraneus* sería **"autor"** de un **delito especial** cuando posea el *dominio o control efectivo en la protección del bien jurídico* derivada de dos condiciones: **(i)** la calidad específica que exija el tipo penal ("servidor público", "profesional del derecho", "administrador", etc.) y **(ii)** la vinculación concreta que tenga con el bien jurídico que le permita estar en posibilidad de protegerlo o lesionarlo, acorde las exigencias específicas de cada delito en particular (tener un cargo o función determinada, que se le haya confiado algo o alguien, la relación familiar nuclear, etc.). Ahora bien: aun cuando adicionalmente al *dominio normativo en la protección del bien jurídico* se le sume al *intraneus* el *dominio de la acción, la función o de la voluntad,* dicho **autor** será calificado siempre como "**coautor**" porque existirá una distribución esencial de la función de protección del bien jurídico que permitirá la consumación del delito. Pero, si no posee ninguno de ellos (es decir, tan solo tiene un *dominio normativo, aunque efectivo, en la protección del bien jurídico*) su intervención será calificada así: **"autoría mediata"** si induce o contribuye con el *extraneus* a la realización personal de la acción típica–pues se vale de otro y en ese sentido lo instrumentaliza al convertirlo en un medio para lograr un fin, sin que por ello pierda el control normativo y efectivo en la protección del bien jurídico que se deriva de su calidad de *intraneus* -. Más, en todo caso, algunos matices podrán permitir otras variantes en la calificación según se explique y fundamente en el cuadro que aparecerá adelante.

Por el contrario, los *extraneus* no podrán ser *autores* (completos) al carecer del *dominio o control efectivo en la protección del bien jurídico.* Sin embargo, sí será posible que tengan *otras formas de dominio del he-*

180 CSJ SP, 10 sep. 2003, rad. 18056

181 El art. 250-B exige que exista *"abuso de las funciones propias de su cargo"*.

cho (tradicionales): dominio de la acción, dominio de la función o dominio de la voluntad. Entonces, por tener una *forma* de "dominio del hecho" que resulta ***insuficiente*** en los "delitos especiales" pero, al fin y al cabo, tener algo de control sobre el delito, se llamarán *autores-intervinientes* (más exactamente: autor directo *interviniente,* coautor *interviniente* y autor mediato *interviniente*), lo que implicará la rebaja legal de la pena prevista en el inciso final del artículo 30 del CP, justamente porque **(i)** ellos carecerían de un dominio del hecho que solo el *intraneus* tendría y **(ii)** como consecuencia de lo anterior, nunca podría infringir el *deber* que se derivaría de tener ese especial control sobre el punible.

No obstante, si, además, el *extraneus* actuó sin tener ninguna clase de dominio del hecho (por ejemplo, como *determinador* o *cómplice*), entonces, por no tener las calidades especiales que le impiden infringir los deberes derivados del *dominio normativo en la protección del bien jurídico* se realizará la rebaja del interviniente (al así haberlo querido el legislador) y, adicionalmente, en el caso del *cómplice,* también la rebaja prevista para esta forma de participación derivada de su menor contribución en el hecho (acorde los principios de legalidad de la pena y el hecho, culpabilidad, lesividad y proporcionalidad).

Por lo tanto, la **tesis aquí defendida** conlleva también una postura contraria a la vigente línea jurisprudencial colombiana y según la cual se considera que *solo puede ser interviniente* el *coautor especial sin cualificación* en delito especial, lo que excluiría su posibilidad de aplicación en la autoría mediata y en toda forma de participación. Empero, no existen buenas razones para tal exclusión porque si atendemos al tenor literal del artículo 30 del CP, veremos que allí no se habla del *"coautor interviniente"* (como dice la jurisprudencia) sino llanamente del *"interviniente"* a nivel general; refiriéndose así a todo aquel que concurra en la realización del delito, razón por la cual se tendrá que verificar, inicialmente, la *clase de intervención* que realice la persona (esto es, si es autor o partícipe y con qué calidad específica) y luego asignar la rebaja de la pena en caso de no tener las calidades especiales exigidas en el tipo penal. En este último evento, podrá ocurrir que se presenten **dobles rebajas** como sucederá, por ejemplo, con el *cómplice* porque tal atenuación de la pena se encontrará justificada si la *complicidad* se atribuye por razones diferentes a tener la calidad de *extraneus* y se imputa en atención a la ausencia de dominio del hecho de la persona que contribuya al delito.

Sistematizando lo expuesto y dándole aplicación práctica tendríamos el siguiente esquema:

HIPÓTESIS DE INTERVENCIÓN EN DELITOS ESPECIALES: Sistematización de la tesis propuesta		
HIPÓTESIS	**CALIFICACIÓN JURÍDICA (Toma de postura)**	**FUNDAMENTO Y COMPARATIVO CON OTRAS PROPUESTAS TEÓRICAS**[182]
1. *Intraneus* que induce a otro *intraneus.*	Ambos son coautores.	Fundamento de la tesis: la razón por la cual el *intraneus* inductor es un *coautor* y no un *determinador* se encuentra en que, en los delitos especiales, el *dominio del hecho* no se circunscribe al dominio de la acción, la función o la voluntad, sino que surge de forma principal en el dominio en la protección del bien jurídico que le da un control especial y único del suceso al *intraneus*. Por lo tanto, cuando tales *intraneus* intervienen en las distintas fases del delito, cada uno de sus aportes *implica una distribución de la función especial* que tienen, normativamente asignada, para la protección del bien jurídico, por lo que puede decirse que *el aporte de todos ellos siempre será fundamental* y, en ese sentido, conservan el dominio del hecho. Otras propuestas: ***Roxin*** llega al mismo resultado ("coautoría") pero por un camino diferente y relativo a la co-infracción del deber, siendo por completo irrelevante el dominio del hecho que puedan tener quienes intervienen en el delito. En Colombia, en cambio, ***Suárez Sánchez*** los califica como ***determinador*** y ***autor directo***, respectivamente, en atención a una aplicación de la teoría del dominio del hecho sin variante alguna (tesis, en este punto, al parecer compartida por la jurisprudencia de la Corte Suprema de Justicia [183]). Sin embargo, esta última tesis presentará dificultades cuando aparezca el *extraneus* que lo lleva a realizar atribuciones a los que concurren en el delito muy cuestionables a nivel de coherencia dogmática y también desde un punto de vista político-criminal.

182 Se utilizarán como baremos de comparación las teorías de Roxin, Suárez Sánchez y la jurisprudencia de la Corte Suprema de Justicia porque, la primera constituye la tesis más acabada del pensamiento alemán sobre esta materia y ha tenido una poderosa influencia en Colombia; la segunda por ser el trabajo más completo realizado en estas latitudes; y el pensamiento de la Corte Suprema de Justicia por su influencia decisiva como fuente del Derecho vinculante en el ordenamiento jurídico penal colombiano.

183 Pues ha dicho que *"al determinador de un delito con sujeto activo calificado, tenga o no las condiciones exigidas, le corresponde la pena prevista para la infracción"* (CSJ Rad. 54125 de 2019).

2. *Intraneus* que **contribuye** al delito (de manera previa, concomitante no esencial o posterior por acuerdo previo) con otro *intraneus* quien se encarga de la ejecución directa de la conducta punible.	Ambos son **coautores**.	Fundamento de la tesis: el mismo expuesto para la hipótesis 1. Otras propuestas: ***Roxin*** llega al mismo resultado ("coautoría") pero por un camino diferente y relativo a la co-infracción del deber, siendo por completo irrelevante el dominio del hecho que puedan tener quienes intervienen en el delito. En Colombia, en cambio, ***Suárez Sánchez*** los califica como ***cómplice*** y ***autor directo,*** respectivamente, en atención a una aplicación de la teoría del dominio del hecho sin variante alguna (tesis, en este punto, al parecer compartida por la jurisprudencia de la Corte Suprema de Justicia [184]). Sin embargo, esta última tesis presentará dificultades cuando aparezca el *extraneus* que lo lleva a realizar atribuciones a los que concurren en el delito muy cuestionables a nivel de coherencia dogmática y también desde un punto de vista político-criminal.

184 Pues ha dicho que *"al cómplice de un punible con sujeto activo calificado, concurran o no en él tales calidades, se le sanciona con la pena prevista en la norma, disminuida de una sexta parte a la mitad"* (CSJ Rad. 54125 de 2019). Por el contrario, en el radicado 32058 de 2012 la Corte Suprema de Justicia calificó como **coautores** de *Concusión* a dos *intraneus* en los que se verifica claramente que uno fue *cómplice* e *inductor* (desde el punto de vista del dominio del hecho) y el otro *autor directo,* utilizando para ello un análisis jurídico de los hechos que no se compadeció de sus propia doctrina. Dicho caso fue el siguiente: un funcionario de nombre **M...** de la Superintendencia de Notariado y Registro de Colombia con el cargo de *"profesional especializado 2028-17 con función de Coordinador del grupo interno de trabajo de actividades notariales"* llamó por teléfono al Notario Único de Montelíbano, departamento de Córdoba, para pedirle una *"una colaboración en dinero o en especie"* con el objeto de gestionar un fallo favorable dentro del proceso disciplinario que se le adelantaba a tal Notario en dicha entidad del estado. Fue así como éste último accedió a entregar 10 novillas de su propiedad según indicaciones de **M...** en un predio de propiedad de la madre de **G...,** otro funcionario de tal entidad y cuyo cargo era el Superintendente de Notariado y Registro y quien, además, tenía a su cargo el proceso disciplinario que debería fallar en favor o en contra del señor Notario mencionado. Así las cosas, como el delito atribuido fue el de *Concusión* y los **verbos rectores** de este delito son "constreñir", "solicitar" o "inducir", estaría claro que durante la *fase ejecutiva* y *consumativa* del delito **únicamente** intervino el *intraneus* **M...** con el cargo de profesional universitario cuando realizó la llamada al notario y le ***solicitó*** (conducta típica) la utilidad indebida. Por el contrario, el señor **G...,** con el cargo de Superintendente de Notariado y Registro, *participó* tan solo en las fases *previas* y *posteriores* al delito. En la *previa* induciendo a **M...,** para que hiciera la llamada petitoria de la utilidad indebida y *posterior* al facilitar la finca de su mamá para recibir las 10 novillas. Entonces, según esos hechos, **G...,** habría sido un *intraneus* que actuó, inicialmente, como *determinador* de la conducta realizada por **M...,** el cual fue el único que según la propia Corte *"por sí mismo -de propia mano-, ejecutó uno de los verbos rectores –solicitar- descrito en la disposición*

3. *Intraneus* que instrumentaliza (mediante dominio de la voluntad) a otro *intraneus.*	Ambos son coautores, pero el *instrumento* sería, por regla general, no responsable.	Fundamento de la tesis: el mismo expuesto para la hipótesis 1. Otras propuestas: ***Roxin*** llega al mismo resultado ("coautoría") pero por un camino diferente y relativo a la co-infracción del deber, siendo por completo irrelevante el dominio del hecho que puedan tener quienes intervienen en el delito.

punitiva", mientras que **G...**, por el contrario, se *infiere* a lo sumo *indujo* al primero y, además, materialmente *contribuyó* en el delito *luego* de la solicitud de **M...** (es decir, en la fase del *agotamiento* de la *Concusión* y, por ende, posterior a la *consumación* ocurrida en el instante mismo de la *petición* concusiva efectuada), como *"encargado de expedir el acto administrativo para beneficiar* [al Notario], *luego de recibir el ganado en la finca (...), que por estipulación probatoria y testimonio se acreditó es de propiedad de la progenitora de aquél".* No obstante, a pesar de la claridad de estos hechos, de forma sorprendente, la Corte termina concluyendo que *"**G...** no realizó simplemente una contribución, tampoco prestó una ayuda posterior. Inequívocamente realizó con **M...** el comportamiento, protagonismo que lo ubica como coautor".* Sin embargo, esta posición sería *incompatible* con las propias premisas que dice la Corte regiría en el ordenamiento penal colombiano en materia de *autoría, participación* y el delito de *Concusión,* siendo tales premisas las siguientes: **(i)** la *coautoría* requiere de *"trascendencia del aporte en la **fase ejecutiva** del ilícito"* (rads. 48086 de 2017; 38725 de 2014; 23934 de 2007, entre muchos otros) acorde la doctrina probable elaborada por esta Corporación Jurisdiccional gracias a la interpretación que hizo del inciso segundo del art. 29 del CP en aplicación de la *teoría del dominio del hecho* de Roxin; **(ii)** el *cómplice* es quien realiza una contribución *"a la realización de la conducta antijurídica o preste una ayuda **posterior**, por concierto previo o concomitante a la misma"* (art. 30, inciso 3, del CP) y el *determinador* el que induce *"a otro a realizar la conducta antijurídica"* (art. Inciso 2, del CP), operando frente a la concurrencia de ambas calidades en un mismo sujeto, el principio de subsidiariedad (el cual aplica de forma tácita, rad. 45273/17, *"si el punible ab initio se ejecuta en la modalidad tentada pero enseguida se consuma; si el reato se comete en varios grados de participación"*) y, por ende, prefiriéndose la atribución como *determinador;* y **(iii)** respecto de la *Concusión "para su consumación basta con la exigencia, no requiere que el desembolso se cause, o se entregue el objeto o la dádiva, por tratarse de un punible de conducta o mera actividad. Basta con la manifestación del acto de constreñir, inducir o solicitar dinero u otra utilidad indebida, independiente de que el sujeto pasivo esté en posibilidad de cumplirla, ha reiterado la Corte recientemente"* (Rad. 46165 de 2017).

		En Colombia, en cambio, ***Suárez Sánchez*** los califica como ***autor mediato*** y ***autor directo,*** no responsable en algunos casos respectivamente, en atención a una aplicación de la teoría del dominio del hecho sin variante alguna (tesis, en este punto, al parecer compartida por la jurisprudencia de la Corte Suprema de Justicia [185]). Sin embargo, esta última tesis presentará dificultades cuando aparezca el *extraneus* que lo lleva a realizar atribuciones a los que concurren en el delito muy cuestionables a nivel de coherencia dogmática y también desde un punto de vista político-criminal.
4. *Intraneus* que coejecuta el delito (mediante un aporte esencial en su fase ejecutiva) con otro *intraneus.*	Ambos son coautores.	Fundamento de la tesis: el mismo expuesto para la hipótesis 1. Otras propuestas: Roxin llega al mismo resultado ("coautoría") pero por un camino diferente y relativo a la co-infracción del deber, siendo por completo irrelevante el dominio del hecho que puedan tener quienes intervienen en el delito. Así mismo, ***Suárez Sánchez*** y, al parecer la Corte Suprema de Justicia[186], coinciden en esta calificación jurídica, pero por una vía distinta: el dominio funcional del hecho de ambos *intraneus* (desde una perspectiva tradicional de la teoría del dominio).

185 Así ocurrió en un caso de desfalco del erario público realizado al Instituto de Seguros Sociales en el que la Corte Suprema de Justicia, rad. 51444 de 2020, calificó las intervenciones de los procesados por el delito de *Peculado por apropiación* de la siguiente manera: a los funcionarios del Estado presustanciadores de los documentos que firmaría el gerente como **coautores mediatos,** al jefe del Departamento de Atención al Pensionado **autor directo** (no responsable, al igual que a otros funcionarios tales como el gerente de la institución que tampoco tuvieron conocimiento de lo sucedido – errores de tipo –) y a los particulares con la calidad de **intervinientes** (coautores en delito especial sin cualificación). Igualmente, se calificó en el radicado 48679 de 2017 como **autor mediato** de un delito de *Falsedad ideológica en documento público* a un Representante de la Cámara que engaño a otros servidores públicos (**autores directos** no responsables) acerca de lo que consignarían en unos actos administrativos de nombramiento de unas personas.

186 Por ejemplo, en el rad. 44248 de 2017, la Corte juzgó un caso de *Peculado por apropiación* en el cual unos funcionarios de un juzgado actuando en la fase ejecutiva del delito y mediante aportes esenciales al punible mencionados ayudaron a expedir *"títulos judiciales de manera irregular"* lo que conllevó a la postre que los abogados que indujeron la comisión de tales conductas (es decir, los determinadores) lograran apropiarse de una gran cantidad de dinero del Estado (exactamente, del Instituto de Seguros Sociales). Así pues, para la Corte Suprema de Justicia el título de intervención de tales servidores públicos del juzgado fue el de coautores en atención al dominio del hecho que tuvieron gracias *"la división de funciones"* y

5. *Intraneus* que induce a otro ***extraneus.***	El *intraneus* sería un autor mediato y el *extraneus* un autor directo ***interviniente*** o un cuasi-autor directo.	Fundamento de la tesis: en este caso solo una de las dos personas que concurren a la realización del delito, el *intraneus,* posee *dominio en la protección del bien jurídico,* el cual constituye el presupuesto básico para poder ser *autor* en los delitos especiales. Así mismo, la razón por la cual el *intraneus* sería un "autor" al que se calificaría como ***mediato,*** en vez de "directo" o de "coautor," es porque éste se estaría valiendo de un *extraneus* como "instrumento", no en el sentido de dominar su voluntad, sino desde una perspectiva naturalística y literal de la palabra[187] al servirse de otro para realizar el delito. Sin embargo, aunque dicha persona carezca de tal modalidad de dominio, al tener otra clase de control derivado de la ejecución personal del verbo rector (el *dominio de la acción*) no podría ser calificado como un mero partícipe del delito especial, pero tampoco como un *autor* completo, por lo que apenas sería un *cuasi-autor directo* o, utilizando la denominación de la legislación colombiana, un *autor directo* ***interviniente.*** Esta calificación describiría con exactitud su nivel de injerencia en la conducta punible porque: (i) al ser *autor directo* se nos indicaría que su rol consistió en la ejecución personal del verbo rector del tipo penal y (ii) al llamarlo *interviniente* se estaría precisando que se trata de un *extraneus,* es decir, de una persona que *carece del dominio en la protección del bien jurídico* al actuar, según el inciso final del art. 30 del CP, *"no teniendo las calidades especiales exigidas en el tipo penal",* lo que en otras palabras podría denotarse como *"cuasi-autor directo"* porque *"cuasi"* según el Diccionario de la Real Academia Española *"Significa 'casi'. Se antepone a adjetivos y sustantivos para indicar semejanza o parecido con lo denotado por ellos, aunque sin llegar a tener todas sus características",* siendo esto lo que ocurre aquí: el *extraneus* al tener dominio de la acción se parece al *autor directo,* pero al faltarle *algo* para serlo (el dominio en la protección del bien jurídico) sería *casi* un *autor;* esto es, apenas un *interviniente* (en sentido legal).

los *"roles definidos en esa labor compuesta y en la que se pasaron por alto las más mínimas verificaciones",* razón por la cual cada actividad de los distintos *intraneus* fue *"fundamental para la anómala gestión de los títulos judiciales,* [ya que] *sin ella, no se hubiese logrado su expedición y entrega",* operando en consecuencia el *"principio de imputación recíproca que rige la coautoría".*

187 Como ya se dijo, éste es el significado gramatical de la palabra "instrumento".

		Otras posturas: ***Roxin*** coincidiría en denominar al *intraneus* un autor mediato, pero por razones distintas: en esencia porque el individuo que está sujeto a una relación de deber deja la ejecución de la acción a una persona que se encuentre al margen de la posición de deber que fundamenta la autoría. En cambio, los resultados en torno al *extraneus* sí serían completamente diversos a los que se proponen aquí dado que Roxin lo calificaría como un cómplice en atención a su tesis según la cual en los delitos de infracción del deber para nada interesa el dominio del hecho y éste debe ser abandonado por completo. Por el contrario, ***Suárez Sánchez*** propone, para delitos especiales propios atribuir al *intraneus* la calidad de *autor por omisión* y al *extraneus* la de un partícipe (cómplice) valiéndose para ellos de una sistematización de los artículos 25, 29 y 30 del CP. En cambio, para los delitos especiales impropios propone la atribución del delito común al *intraneus* y *extraneus* calificándolos acorde las reglas del dominio del hecho que rige para estos punibles. Finalmente, la Corte Suprema de Justicia no tiene una postura jurídica clara para calificar este evento. A pesar de ello, de sus tesis centrales que ya recordaremos, se podría inferir que cuando tengan un caso encuadrable en esta hipótesis la solución que encajaría con sus precedentes sería la de imputar jurídicamente un delito común y no el especial (por ejemplo, en vez de *Concusión* una *Extorsión* o en vez de *Peculado* un *Hurto*) ante la imposibilidad de conciliar las reglas dogmáticas que han elaborado con esta hipótesis particular. Así las cosas, las *tesis* de las que puede extraerse la anterior conclusión son:

		(i) todo delito, común o especial, requiere de al menos un *autor* para su realización[188]; (ii) que el *intraneus* necesita, para ser "autor", no solo las condiciones especiales que exigen ciertos tipos penales, sino además alguna forma de dominio del hecho, razón por la cual en la hipótesis aquí estudiada el *intraneus* apenas podría ser un "determinador" y nunca un "autor" por más *intraneus* que fuese[189]; y (iii) que el *extraneus* puede ser un determinador, un cómplice y únicamente un *"coautor interviniente"*[190], según una postura jurisprudencial, *"si el extraneus coejecuta con el intraneus el delito especial"*[191] o, acorde otro precedente que varía en algo dicha tesis, *"un partícipe que realiza la conducta descrita en el tipo penal (constreñir o solicitar, en este caso), ya sea porque la ejecuta directamente o porque mediante división de trabajo participa en la ejecución de la conducta descrita en el tipo especial"* (Rad. 61110 de 2022). Por lo tanto, si en nuestro caso el *extraneus* ejecutó el verbo rector inducido por el *intraneus*, aquél no sería determinador ni cómplice, pero tampoco un *"coautor interviniente"* según la línea jurisprudencial que así clasifica tan solo al co-ejecutor del delito, pues aquí no existiría un *intraneus* con quien se hubiese dividido el trabajo criminal en la fase ejecutiva del delito.

188 Según la CSJ **el principio de accesoriedad** establece que *"para que se presente la participación es necesaria la autoría"* (Rad. 44931 de 2016) inclusive en delitos especiales pues *"El interviniente requiere siempre de un autor calificado, por lo cual se rige por el principio de accesoriedad de la participación"* (Rad. 61110 de 2022).

189 Así lo manifestó la CSJ al resolver un caso cuando afirmó que el título de atribución del procesado *"indudablemente, era el de autor, tanto por su calidad de sujeto activo calificado -no era un extraneus- como por el* ***dominio*** *que tuvo de los hechos irregulares"* (Rad. 54509 de 2020). Razón por la cual un *intraneus* podrá ser *"determinador"* o *"cómplice"* aunque tenga *"las condiciones exigidas"* por el delito si carece del dominio del hecho (Rad. 54125 de 2019).

190 CSJ Rad. 51444 de 2020 y sentencia C-015 de 2018 de la Corte Constitucional en las cuales se afirma que *"el concepto de interviniente, contenido en la Ley 599 de 2000, artículo 30, inciso 4°, se refiere exclusivamente a los "coautores" extraneus de un delito especial"*. En tales providencias aparecen las otras sentencias que apoyan dicho criterio.

191 CSJ Rad. 51444 de 2020.

		Pero, igualmente, si tomáramos la postura aislada del radicado 61110 de 2022 que amplía la aplicación del *interviniente,* no solo al coautor del delito, sino también al que *"realiza la conducta descrita en el tipo penal (...) porque la ejecuta directamente",* el problema surgiría en que tal postura considera que *"el interviniente es un partícipe"* y dicho *"interviniente requiere siempre de un autor calificado",* teniendo en nuestro caso tan solo la concurrencia de otro *partícipe* que, aun cuando calificado, no podría ser reconducido a la figura del *autor* (en la perspectiva de la Corte) lo que impediría desde tal jurisprudencia la atribución del delito especial, ante la exclusiva intervención de meros partícipes en el hecho y según lo establecer *el principio de accesoriedad de la participación.* No obstante, otra posibilidad es que la Corte, usando una variante de su jurisprudencia en la cual se establece que *"el determinador de un delito, puede reunir o no las condiciones exigidas para el sujeto activo, más concretamente cuando este es cualificado (...)* [y] *A su vez, la persona determinada, podrá tener o no las calidades que son exigidas al autor, y en el evento en el que en el mismo no concurran se le podrá derivar responsabilidad como interviniente"*[192], viabilice como posible calificación en este caso la siguiente: el *intraneus* como *determinador* del delito especial y el *extraneus* como un *interviniente.*
6. *Intraneus* que contribuye al delito (de manera previa, concomitante no esencial o posterior por acuerdo previo) con otro ***extraneus*** quien se encarga de la ejecución directa de la conducta punible.	El *intraneus* sería un autor mediato y el *extraneus* un autor directo ***interviniente*** o un cuasi-autor directo.	Fundamento de la tesis: los mismos de la hipótesis 5, porque el hecho de que el *intraneus* en esta oportunidad realice como aporte material al delito una *contribución* en vez de una *inducción,* en nada cambiaría su calificación como *autor mediato,* pues igualmente se estaría valiendo del *extraneus* como un instrumento para la ejecución del punible. Otras posturas: las calificaciones de Roxin, Suárez Sánchez y la Corte Suprema de Justicia, serían las mismas de la hipótesis 5.

192 Dicha postura aparece en el rad. 48679 de 2017 (como *obiter dictum*).

7. *Intraneus* que instrumentaliza (mediante dominio de la voluntad) a otro ***extraneus.***	El *intraneus* sería un autor mediato y el *extraneus* un autor directo ***interviniente*** o un cuasi-autor directo, pero haciéndose la claridad que tal *instrumento* sería, por regla general, no responsable.	Fundamento de la tesis: los mismos de la hipótesis 5. Otras posturas: ***Roxin*** coincide en calificar al *intraneus* como autor mediato, pero con base en el argumento de la infracción del deber. En cambio, al *extraneus* lo considera un *cómplice* por las razones ya señaladas. ***Suárez Sánchez,*** aunque coincide en la calificación del *intraneus* como "autor mediato" – pero por razones de dominio del hecho – considera que el *extraneus* debe ser llamado simplemente un "instrumento" sin encasillarlo en otro lugar dado que no sería responsable penalmente. Por último, pareciera que la Corte Suprema de Justicia se decanta por este criterio cuando afirma, con base en doctrina que cita de Zaffaroni, que *"pareciera que el autor mediato supone la existencia de un autor inmediato, lo que no es cierto, puesto que hay casos en que el determinado actúa sin dolo, por lo que no puede ser considerado autor de un tipo doloso"*[193], concluyendo así que el tercero sería tan solo un "instrumento". Aunque en otro lugar afirmó que también podría tratarse de un *interviniente* en la medida en que éste *"es un partícipe que realiza la conducta descrita en el tipo penal (...), **ya sea porque la ejecuta directamente** o porque mediante división de trabajo participa en la ejecución de la conducta descrita en el tipo especial"*[194].

193 CSJ Rad. 30125 de 2009.
194 CSJ Rad. 61110 de 2022.

8. *Intraneus* que coejecuta el delito (mediante un aporte esencial en su fase ejecutiva) con otro ***extraneus.***	El *intraneus* sería un coautor y el *extraneus* un coautor ***interviniente*** o un cuasi-coautor.	Fundamento: esta calificación sería coincidente con la postura jurisprudencial que de manera pacífica realiza la Corte Suprema de Justicia[195]. En todo caso, la razón que justifica la calificación se encuentra en lo siguiente: (i) el *intraneus* sería un "coautor" porque, además de tener el dominio en la protección del bien jurídico, se habría distribuido las funciones en la coejecución de la conducta con el *extraneus,* razón por la cual ambos tendrían *dominio funcional del hecho;* y (ii) sin embargo, el *extraneus* por carecer de las calidades especiales que exigiría el tipo penal, necesariamente sería apenas un *cuasi-coautor* o un *coautor interviniente.* Otras posturas: ***Roxin*** considera que el *intraneus* sería un *autor directo* en la infracción del deber, mientras que el *extraneus* apenas un *cómplice* sin importar cuánto dominio del hecho tuviera. En cambio, ***Suárez Sánchez,*** aunque coincide en tal calificación, lo hace desde la teoría del dominio del hecho y agrega, además, que tal *extraneus* tiene que seser considerado un *cómplice* ***interviniente*** merecedor de una doble rebaja.

195 De forma consistente ha dicho que *«el concepto de interviniente, contenido en la Ley 599 de 2000, artículo 30, inciso 4°, se refiere exclusivamente a los "coautores" extraneus de un delito especial»* (CSJ Rad. 51444 de 2022, en la cual citan como providencias que han utilizado tal regla: CSJ, AP 15 de agosto de 2007, radicado 27.712, CSJ AP 23 de enero de 2008, radicado 28890, CSJ, SP 12 may. 2010, rad. 33.319, CSJ, SP 9 mar. 2016 rad. 46483, CSJ SP, 5 abr. 2017 rad. 47974, CSJ AP 29 nov. 2017, rad. 47741, CSJ AP, 1 feb. 2018 rad. 50969, CSJ AP 27 jul. 2018, rad. 52553, CSJ SP 27 ago. 2019, rad. 52001, CSJ, SP 12 sep. 2019, rad. 52.816, CSJ AP 30 oct. 2019, rad. 55244, entre otras)

9. ***Extraneus*** que induce a otro *intraneus.*	El *extraneus* sería un determinador ***interviniente*** y el *intraneus* un autor directo.	Fundamento: el *intraneus* sería un autor directo en atención a la suma de dos dominios del hecho: el dominio en la protección del bien jurídico y el dominio de la acción al ejecutar directamente el verbo rector. En cambio, el *extraneus* ejercería un acto de inducción que lo encasillaría como *determinador,* pero que, por concurrir al delito sin tener las calidades especiales, se le tendría que otorgar la rebaja del interviniente. Esta misma calificación sería aceptada por Suárez Sánchez, la Corte Suprema de Justicia[196] y Roxin, aunque por razones diferentes. Pero, la Corte no concedería la rebaja al determinador del interviniente en la medida que eéste solo opera para el coautor sin cualificación.
10. ***Extraneus*** que contribuye al delito (de manera previa, concomitante no esencial o posterior por acuerdo previo) con otro *intraneus* quien se encarga de la ejecución directa de la conducta punible.	El *extraneus* sería un cómplice ***interviniente*** y el *intraneus* un autor directo.	Fundamento: la razón por la cual, en esta hipótesis, se le daría la doble rebaja al *extraneus* clara y razonable: (i) la rebaja de la complicidad se deriva de la *ausencia de un dominio* ***material*** *del hecho* y (ii) la rebaja como interviniente se otorga por su calidad de interviniente, es decir, porque además carecería de *dominio* ***normativo y efectivo*** *en la protección del bien jurídico.* Por el contrario, la razón de la calificación del *intraneus* sería la misma de la hipótesis 9. Esta misma calificación sería aceptada por Suárez Sánchez, la Corte Suprema de Justicia[197] y Roxin, aunque por razones diferentes. Pero, en el caso de la Corte ella no admitiría la doble rebaja para el cómplice a quien no consideraría un interviniente.

[196] CSJ Radicados 42312/13, 39346/13, 41177/13, 37074/14, 47974/17, 51046/18, entre otras.

[197] Vgr. CSJ Rad. 48916 de 2020.

11. *Extraneus* que instrumentaliza (mediante dominio de la voluntad) a otro *intraneus*.	El *extraneus* sería un autor mediato ***interviniente*** y el *intraneus* un autor directo, pero haciéndose la claridad que tal *instrumento* sería, por regla general, no responsable.	Fundamento: el *extraneus* sería un *autor mediato* por tener dominio de la voluntad del *intraneus*. Sin embargo, por tratarse de un delito especial, la carencia de sus calidades exigidas por el tipo penal y la consecuente ausencia de dominio en la protección del bien jurídico implicaría que apenas sería un *cuasi autor mediato* o, en términos legales, un *autor mediato interviniente*. Por el contrario, la razón de la calificación del *intraneus* sería la misma de la hipótesis 9, aunque con la posibilidad de que carezca de responsabilidad pena según el caso. Otras posturas: ***Roxin*** considera en cambio que se trataría de un caso de *inducción* de parte del *extraneus* y de *autoría directa* sin responsabilidad respecto del *intraneus*. ***Suárez Sánchez*** pensaría, en cambio, que el caso deberá ser reconducido a delitos comunes cuando sea posible. Finalmente, en el seno de la Corte Suprema de Justicia no se evidencia la presencia de un caso o hipótesis de esta índole. Por el contrario, en aquellos casos en los cuales se ha instrumentalizado mediante error a los funcionarios por parte de particulares, la atribución de cargos ha sido de *delitos comunes* (Vgr. *Fraude procesal* y *Obtención de documento público falso*) y no de *delitos especiales*, siendo el caso máas cercano a la hipótesis aquí planteada el que se resolvió en el Rad. 51444/20 donde unos particulares (los *coautores intervinientes*) junto con unos funcionarios (los *coautores mediatos*) indujeron a error a otros funcionarios del Instituto de Seguros Sociales (los *autores directos* no responsables por el engaño) para obtener unos dineros ilegales, lo cual implicó la atribución del delito de *Peculado por apropiación* previsto en el art. 397 del CP. Por supuesto, de aplicar tal precedente a esta hipótesis 11, la consecuencia sería, con toda seguridad, la misma calificación que se ha propuesto en esta investigación para ella.

La anterior sistematización pone de presente que el *intraneus,* justamente por serlo, nunca puede ser un partícipe sino siempre un **autor** en atención a que la *calificación que se le da como "intraneus"* surge del *dominio en la protección del bien jurídico* que éste tiene y, por ello, la concurrencia de otros *"intraneus"* al punible tan solo permite la atribución de *coautoría* por distribución del *rol lesión a* *la protección del bien jurídico cuya vigilancia les fue asignada y en virtud del cual se les otorgó una posición especial de dominio o control sobre el hecho.* En cambio, cuando al lado del *intraneus* concurra un *extraneus* la tipología de imputación del *intraneus,* aunque siga siendo siempre la de *autor,* veremos que su precisa calificación dependerá de la clase de *dominio material del hecho* que tenga adicional al *dominio normativo de protección del bien jurídico* como se pasa a indicar: **(i)** si además del *dominio en la protección del bien jurídico* posee **(a)** dominio de la acción, será *autor directo;* **(b)** dominio de la función naturalística del hecho por aporte material y esencial en la fase ejecutiva del delito, será *coautor;* y **(c)** dominio de la voluntad del *extraneus,* será *autor mediato;* pero, **(ii)** si únicamente posee un *dominio en la protección del bien jurídico* y carece de cualquier forma de dominio material del hecho, su intervención (en forma de mera inducción o contribución), apenas fundamentará una *autoría mediata* pues se estará valiendo del *instrumento* para realizar el delito.

Así las cosas, las respuestas que se da a los problemas jurídicos serían las siguientes: **(i) ¿Qué significado tiene el "interviniente"?** Es una cláusula de atenuación de la pena aplicable a toda intervención del *extraneus* (como *autor* o *partícipe*) en ciertos delitos especiales; **(ii) ¿Qué son las "calidades especiales exigidas por el tipo penal" como uno de los presupuestos normativos para la aplicación del "interviniente"?** Aquellas que otorgan *un dominio especial en la protección del bien jurídico* y, por ende, se excluyen todas las que impliquen una caracterización de factores de menguadad lesividad o culpabilidad incluidas en los tipos penal como hipótesis que justifican la disminución punitiva (como ocurre en el artículo 108 del CP). Por lo tanto, para eso delitos especiales tendrá que realizarse una investigación diferente que permita explicar las distintas formas de atribución jurídica a las intervenciones de distintas personas en la realización del delito; **(iii) ¿De qué manera y en qué casos deberá aplicarse la rebaja de pena prevista en el inciso 4 del artículo 30 del CP?** Se aplicaría a todos los *extraneus* sin importar su rol: al *autor directo interviniente,* al *coautor interviniente,* al *autor mediato interviniente,* al *determinador interviniente* y al *cómplice interviniente,* en cuyo último caso operaría la doble rebaja justificada por soportarse en dos fuentes diferente; esto es, tanto la falta de dominio en la protección del bien jurídico, como la carencia de dominio de la acción, la función o la voluntad del *intraneus.*

5.2.4. Solución del caso propuesto inicialmente en comparación con las soluciones de la jurisprudencia y la tesis de Roxin

Recordemos el caso con el cual iniciamos la investigación:

> ***A*** *es jefe de una Estación de Policía y administra los fondos de dicho lugar. Entonces, decide dirigirse al Centro Comercial Andino en compañía de sus amigos B, C, D y E (particulares sin funciones públicas), donde, con la tarjeta bancaria de la comisaría, se compra un precioso reloj suizo por un valor de medio millón de dólares.*
>
> *Como A tiene prisa, él le entrega la tarjeta a* ***B****, a quien le pide que vaya a otra tienda y le compre un costoso celular iPhone.* ***B*** *lo hace pagando por él, 2000 dólares.*
>
> *A recuerda entonces que siempre ha querido un anillo de oro puro. Pero, como no desea que lo engañen, él se hace acompañar de* ***C****, que lo ayuda a negociar con un vendedor de una tienda especializada, siendo justamente* ***C*** *quien compra dos anillos: uno para A y uno para él mismo, haciendo uso de la tarjeta de la Estación de Policía, que le acabara de entregar A, por un valor de 300.000 dólares.*
>
> *A muestra con orgullo su reloj, su iPhone y su anillo a* ***D****, que es quien le había dado, en la mañana, la idea de hacer uso más frecuente de la tarjeta mágica, al decirle que "uno no debe ser el único tonto".*
>
> *Finalmente, A decide invitar a dichos amigos a una parrillada, para agradecerles por su compañía. Él va, junto con* ***E****, a un supermercado.* ***E*** *le ayuda a cargar las pesadas piezas de carne que compra – otra vez con la tarjeta de la Estación de policía por 500 dólares – desde el supermercado hasta su vehículo y de allí hasta la casa donde se realizaría el asado.*
>
> *Por supuesto, todos habrían actuado con dolo; esto es, con pleno conocimiento acerca de la procedencia estatal de los dineros y los distintos actos de apropiación, al igual que queriendo la ejecución de tales conductas.*

Así las cosas, con base en este caso, el problema jurídico en particular que deberá resolverse, frente al delito de *Peculado por apropiación,* es el siguiente: ¿qué título de intervención deberá atribuírsele a los señores A, B, C, D y E?, esto es, ¿qué clase de autoría y/o participación les correspondería? La calificación sería esta:

A fue un *intraneus* que **indujo** a **B,** un *extraneus,* para que realizara la apropiación del dinero del Estado. Por lo tanto, **A** fue *autor mediato* y **B** *autor directo interviniente.*

A fue un *intraneus* que **co-ejecutó** con **C,** un *extraneus,* la apropiación de los bienes del Estado. Entonces, **A** fue *coautor* y **C** un *coautor interviniente.*

D fue el *extraneus* que **indujo** a **A,** el *intraneus,* a ejecutar la apropiación de bienes del Estado. Por ende, **D** fue un *determinador interviniente* y **A** tuvo los roles anteriormente señalados en cada hecho en particular.

E fue el *extraneus* que **contribuyó** sin dominio del hecho con **A**, el *intraneus* en la apropiación de bienes del estado. Entonces, **E** fue un *cómplice interviniente* y **A** tuvo los roles anteriormente señalados en cada hecho en particular.

De esta manera, ha quedado todo resuelto mediante el máximo respeto a la finalidad esencial del derecho penal (la exclusiva protección de bienes jurídicos), la aplicación consistente de las categorías dogmáticas y la materialización del principio de proporcionalidad de la pena.

BIBLIOGRAFÍA

Doctrina:

Araque Moreno, Diego. *Derecho penal. Introducción y fundamentos de imputación de responsabilidad penal.* Editorial Ibáñez, 2018.

Arias Lozano, Carlos. *Los delitos de infracción de deber. Incidencia en la autoría y participación. Propuesta para el examen de los 'delitos especiales'.* Leyer, 2022.

Bockelmann, Paul, y Klaus Volk. *Derecho Penal. Parte General.* Traducido por Carlos Viveiros. Lima: Ediciones Legales, 2020. ISBN: 9786124816406.

Bustos Ramírez, Juan y Yañez Perez. *Derecho penal alemán* (Traducción del alemán por J. Bustos Ramírez y S. Yañez Perez, 4ª edición en castellano). Traducido por Hans Welzel. Santiago de Chile: Editorial Jurídica de Chile, 1993. ISBN: 9789561005747.

Córdoba Angulo, Miguel. "La Figura Del Interviniente En El Derecho Penal Colombiano". *derecho Penal Y Criminología* 25 n.° 75 (2004): 71-96. https://revistas.uexternado.edu.co/index.php/derpen/article/view/1041.

Díaz y García Conlledo, Miguel. "La problemática De La Codelincuencia En El Código Penal Colombiano. Complicidad Y Acuerdo Previo; El "interviniente" Del artículo 30, párrafo Final". *derecho Penal Y Criminología* 26 n.° 77 (2005): 45-78. https://revistas.uexternado.edu.co/index.php/derpen/article/view/1023.

Fernández Carrasquilla, Juan. *Derecho penal, parte general. Teoría del delito y de la pena. Vol. 2. Dispositivos amplificadores, concurso y pena.* Editorial Ibáñez, 2012.

Ferré Olivé, Núñez Paz, Ramírez Barbosa. *Derecho Penal colombiano. Parte general. Principios fundamentales y sistema.* Grupo Editorial Ibáñez, 2010.

Frister, Helmut. *Derecho Penal. Parte General.* 2ª ed. Buenos Aires: Editorial Hammurabi, 2022. ISBN: 9789878052274.

Gómez López, Jesús Orlando. *Tratado de Derecho Penal, Tomo III.* Doctrina & Ley, 2005.

Greco, Luis. 2015. "Lo vivo y lo muerto en la teoría de la pena de Feuerbach. Una contribución al debate actual sobre los fundamentos del Derecho penal." Marcial Pons, Edición 2015.

Greco, Luís; Leite, Alaor; Teixeira, Adriano; Assis, Augusto. *Autoria como domínio do fato: Estudos introdutórios sobre o concurso de pessoas no direito penal brasileiro.* Marcial Pons, Ediciones do Brasil, 2015. São Paulo, Brasil. Colección: Direito penal y criminologia. ISBN: 9788566722253.

Grosso García, Manuel Salvador. *El concepto de delito en el Código Penal. Una propuesta de interpretación desde el sistema de la teoría del delito.* Editorial Ibáñez, 2007.

Hernández Esquivel, Díaz Soto, Gómez Pavaejau. *Autoría y participación*, en *Lecciones de Derecho Penal. Parte general.* Universidad Externado, 2019.

Hilgendorf, Eric y Brian Valerius. *Derecho Penal. Parte General.* Buenos Aires: Ad-hoc, 2017. ISBN: 9789877450736.

Jakobs, Günther. *Derecho penal Parte general: Fundamentos y teoría de la imputación.* Traducido por José L. Serrano González de Murillo. Editado por Joaquín Cuello Contreras. ISBN: 9788472483989. Madrid: Marcial Pons, Ediciones Jurídicas y Sociales, 1997.

Jescheck, Hans-Heinrich, Thomas Weigend. *Tratado de Derecho Penal. Parte General.* Traducido por Miguel Olmedo Cardenete. 5ª ed. Granada: Editorial Comares, 2003. ISBN: 9788484446415.

Londoño Mesa. "Concurso de personas en la conducta punible". En *Derecho penal, parte general*, Universidad de Medellín, 2011.

Márques Cárdenas, Álvaro y Orlando González Payares. "La coautoría: Delitos Comunes Y Especiales". *Diálogos De Saberes*, n.º 28 (2008): 29-50. https://revistas.unilibre.edu.co/index.php/dialogos/article/view/1954.

Maurach, Reinhart, Karl-Heinz Gössel (1932-2022), Heinz Zipf. *Derecho penal. Parte General 2: Formas de aparición del delito y las consecuencias jurídicas del hecho.* Buenos Aires: Editorial Astrea, 1995. ISBN: 9789505084296.

Muñoz García, Miguel Ángel. "Fundamentos Para Una interpretación Alternativa De La cláusula Del Interviniente Según La teoría De Los Delitos Especiales". *derecho Penal y Criminología* 39, 106 (2019): 13-53. https://doi.org/10.18601/01210483.v39n106.02.

Otto, Harro. *Manual de Derecho Penal. Teoría General del Derecho Penal.* 7ª ed. Barcelona: Atelier, 2017. ISBN: 9788416652860.

Pabón Parra, Pedro Alfonso. *Manual de derecho penal. Tomo I. Parte General.* Bogotá: Ediciones Doctrina y Ley, 2011.

Pariona Arana, Raúl. *El delito de peculado como delito de infracción de deber.* Lima: Universidad San Martín de Porres, 2011. Recuperado de https://www.academia.edu/32597781/El_delito_de_peculado_como_delito_de_infraccion_de_deber.

Peláez Mejía, José María y Quintero Jaimes, Rosa Angélica. *Esquemas del delito. Requisitos para la existencia de una conducta punible.* Tirant lo Blanch, 2022.

Reyes, Yesid. "Relaciones entre autor e inductor en la jurisprudencia colombiana." En *Estudios penales. Homenaje a Bernardo Gaitán Mahecha.* Bogotá: Legis, 2005.

Roxin, Claus, y Luis Greco. *Strafrecht Allgemeiner Teil 01: Grundlagen. Der Aufbau der Verbrechenslehre.* München: Beck C. H., 2020.

Roxin, Claus. "El principio de protección del bien jurídico y su significado para la teoría del injusto". En: Ambos, Kai & Böhm, María Laura. *Desarrollos actuales de las ciencias criminales en Alemania.* Editorial Temis, 2012.

Roxin, Claus. "Fundamentos político-criminales y dogmáticos del Derecho penal". En *Desarrollos actuales de las ciencias criminales en Alemania,* Ambos, Kai, 2016.

Roxin, Claus. "Fundamentos político-criminales y sistemáticos del Derecho penal" que aparece en el libro del mismo autor llamado *Estudios de Derecho penal*, Editorial Colección Estudios Internacionales y Ediciones Nueva Jurídica.

Roxin, Claus. *Autoría y dominio del hecho en Derecho penal.* Traducido por Joaquín Cuello Contreras y José Luis Serrano González de Murillo (Catedráticos de Derecho Penal de la Universidad de Extremadura). Editorial Marcial Pons, 2000.

Salazar Marín, Mario. *Autor y partícipe en el injusto penal.* Editorial Ibáñez, 2011.

Salazar Marín, Mario. *Panorama de derecho penal. Concepción dialéctica del derecho penal. Volumen Segundo.* Bogotá: Editorial Ibáñez, 2017.

Sánchez Vera, Javier, y Gómez Trelles. *Delito de Infracción de Deber y Participación Delictiva.* Madrid: Marcial Pons, 2002.

Schünemann, Bernd. "El Dominio Sobre El Fundamento Del Resultado: Base lógico-Objetiva Común Para Todas Las Formas De autoría". *derecho Penal Y Criminología* 25 n.° 75 (2004): 13-26. https://revistas.uexternado.edu.co/index.php/derpen/article/view/1037.

Schünemann, Bernd. *Dominio Sobre La Vulnerabilidad Del Bien Jurídico O Infracción Del Deber En Los Delitos Especiales. Derecho PUCP*, n.° 81 (2018): 93-112. https://doi.org/10.18800/derechopucp.201802.003.

Sotomayor Acosta, Juan Oberto, y Diana Patricia Arias Holguín. "Consideraciones críticas sobre la recepción en Colombia de la 'teoría de los delitos de infracción del deber'." *Derecho Penal Contemporáneo: Revista Internacional* 15 (2006): 133-190. ISSN 1692-1682.

Stratenwerth, Günther. *Derecho penal. Parte general I: El hecho punible.* 4ª edición ampliada y actualizada. 3ª reimpresión. Buenos Aires: Editorial Hammurabi, 2017. Traducido por Manuel Cancio Meliá y Marcelo A. Sancinetti.

Suárez Sánchez, Alberto. *Autoría.* Editorial Externado, 2011.

Torres Tópaga, William F. 2005. «Autoría En Los Delitos De infracción De Deber». *derecho Penal Y Criminología* 26 (77):79-102. https://revistas.uexternado.edu.co/index.php/derpen/article/view/1024.

Velásquez Velásquez, Fernando. *Derecho Penal, parte general.* Comlibros, 2009.

Wessels, Johanes, Werner Beulke, Helmut Satzger. *Derecho Penal. Parte General: El delito y su estructura.* Traducido por Raúl Pariona Arana. Lima: Instituto Pacífico, 2018. ISBN: 9786123221041.

Jurisprudencia:

Corte Constitucional:

Corte Constitucional, Sentencia C-164 de 2022. M. S. ANTONIO JOSÉ LIZARAZO OCAMPO. Bogotá D.C., once (11) de mayo de dos mil veintidós (2022).

Corte Constitucional, sentencia C-233 de 2019. M. S. LUIS GUILLERMO GUERRERO PÉREZ. Bogotá D. C., veintinueve (29) de mayo de dos mil diecinueve (2019).

Corte Constitucional, Sentencia C-365 de 2012. M. P. JORGE IGNACIO PRETELT CHALJUB. Bogotá D. C., dieciséis (16) de mayo de dos mil doce (2012).

Corte Constitucional. 2005. Sentencia C-822 de 2005: "por la cual se expide el Código de Procedimiento Penal". M. P. Dr. MANUEL JOSÉ CEPEDA ESPINOSA. Bogotá, D.C., diez (10) de agosto de dos mil cinco (2005).

Corte Constitucional. 2018. Sentencia C-015 de 2018. M. P. CRISTINA PARDO SCHLESINGER. Bogotá, D.C., catorce (14) de marzo de dos mil dieciocho (2018).

Corte Suprema de Justicia, Sala de Casación Penal:

Corte Suprema de Justicia. Sala de Casación Penal. Proceso 12191, Casación, Sentencia del 25/04/2002, ponente: Carlos Eduardo Mejía Escobar.

Corte Suprema de Justicia. Sala de Casación Penal. Proceso 17089, Única Instancia, Sentencia del 11/12/2003, ponente: Jorge Aníbal Gómez Gallego.

Corte Suprema de Justicia. Sala de Casación Penal. Proceso 17703, Única Instancia, Sentencia del 21/08/2002, ponente: Edgar Lombana Trujillo.

Corte Suprema de Justicia. Sala de Casación Penal. Proceso 18569, Casación, Sentencia del 20/06/2002, ponente: Jorge Enrique Córdoba Poveda.

Corte Suprema de Justicia. Sala de Casación Penal. Proceso 20704, Segunda Instancia, Sentencia del 08/07/2003, ponente: Carlos Augusto Gálvez Argote.

Corte Suprema de Justicia. Sala de Casación Penal. Proceso 22146, Casación, Sentencia del 26/04/2006, ponente: Javier Zapata Ortíz.

Corte Suprema de Justicia. Sala de Casación Penal. Proceso 22447, Casación, Sentencia del 07/09/2006, ponente: Marina Pulido de Barón.

Corte Suprema de Justicia. Sala de Casación Penal. Proceso 23979, Casación, Sentencia del 07/03/2007, ponente: Mauro Solarte Portilla.

Corte Suprema de Justicia. Sala de Casación Penal. Proceso 26146, Casación, Sentencia del 20/02/2008, ponente: Javier Zapata Ortíz.

Corte Suprema de Justicia. Sala de Casación Penal. Proceso 26410, Casación, Sentencia del 17/09/2008, ponente: Javier Zapata Ortíz.

Corte Suprema de Justicia. Sala de Casación Penal. Proceso 27124, Casación, Sentencia del 20/04/2007, ponente: Marina Pulido de Barón.

Corte Suprema de Justicia. Sala de Casación Penal. Proceso 27712, Casación, Sentencia del 15/08/2007, ponente: Sigifredo de Jesús Espinosa Pérez.
Corte Suprema de Justicia. Sala de Casación Penal. Proceso 28780, Casación, Sentencia del 05/12/2007, ponente: Yesid Ramírez Bástidas.
Corte Suprema de Justicia. Sala de Casación Penal. Proceso 28890, Casación, Sentencia del 23/01/2008, ponente: Augusto José Ibáñez Guzmán.
Corte Suprema de Justicia. Sala de Casación Penal. Proceso 29221, Casación, Sentencia del 02/09/2009, ponente: Yesid Ramírez Bástida.
Corte Suprema de Justicia. Sala de Casación Penal. Proceso 29452, Casación, Sentencia del 09/04/2008, ponente: Augusto José Ibáñez Guzmán.
Corte Suprema de Justicia. Sala de Casación Penal. Proceso 29791, Casación, Sentencia del 07/10/2009, ponente: Javier Zapata Ortíz.
Corte Suprema de Justicia. Sala de Casación Penal. Proceso 30125, Casación, Sentencia del 13/04/2009, ponente: Yesid Ramírez Bástidas.
Corte Suprema de Justicia. Sala de Casación Penal. Proceso 31654, Casación, Sentencia del 20/05/2009, ponente: María del Rosario González de Lemos.
Corte Suprema de Justicia. Sala de Casación Penal. Proceso 31810, Casación, Sentencia del 03/12/2009, ponente: Javier Zapata Ortíz.
Corte Suprema de Justicia. Sala de Casación Penal. Proceso 31890, Casación, Sentencia del 10/03/2010, ponente: María del Rosario González de Lemos.
Corte Suprema de Justicia. Sala de Casación Penal. Proceso 33319, Casación del 12/05/2010, ponente: Yesid Ramírez Bástidas.
Corte Suprema de Justicia. Sala de Casación Penal. Proceso 34019, Casación, Auto Interlocutorio del 02/12/2014, ponente: Eugenio Fernández Carlier.
Corte Suprema de Justicia. Sala de Casación Penal. Proceso 34202, Casación, Sentencia del 28/07/2010, ponente: Julio Enrique Socha Salamanca.
Corte Suprema de Justicia. Sala de Casación Penal. Proceso 34253, Casación, Sentencia del 24/11/2010, ponente: Javier Zapata Ortíz.
Corte Suprema de Justicia. Sala de Casación Penal. Proceso 34282, Única Instancia, Auto Interlocutorio del 02/09/2013, ponente: Fernando Alberto Castro Caballero.
Corte Suprema de Justicia. Sala de Casación Penal. Proceso 34282, Única Instancia, Sentencia del 27/10/2014, ponente: Fernando Alberto Castro Caballero.
Corte Suprema de Justicia. Sala de Casación Penal. Proceso 35220, Casación, Sentencia del 01/12/2010, ponente: Augusto José Ibáñez Guzmán.
Corte Suprema de Justicia. Sala de Casación Penal. Proceso 35551, Única Instancia, Auto Interlocutorio del 12/03/2014, ponente: Fernando Alberto Castro Caballero.
Corte Suprema de Justicia. Sala de Casación Penal. Proceso 37074, Casación, Auto Interlocutorio del 15/10/2014, ponente: Eugenio Fernández Carlier.
Corte Suprema de Justicia. Sala de Casación Penal. Proceso 37140, Revisión, Auto Interlocutorio del 21/10/2013, ponente: Luis Guillermo Salazar Otero.
Corte Suprema de Justicia. Sala de Casación Penal. Proceso 37611, Casación, Sentencia del 12/12/2012, ponente: María del Rosario González Muñoz.

Corte Suprema de Justicia. Sala de Casación Penal. Proceso 38605, Casación, Auto Interlocutorio del 28/03/2012, ponente: Augusto J. Ibáñez Guzmán.
Corte Suprema de Justicia. Sala de Casación Penal. Proceso 39038, Casación, Sentencia del 30/09/2015, ponente: Eugenio Fernández Carlier.
Corte Suprema de Justicia. Sala de Casación Penal. Proceso 39346, Casación, Auto Interlocutorio del 09/10/2013, ponente: José Leonidas Bustos Martínez.
Corte Suprema de Justicia. Sala de Casación Penal. Proceso 41539, Casación, Auto Interlocutorio del 30/07/2014, ponente: Gustavo Enrique Malo Fernández.
Corte Suprema de Justicia. Sala de Casación Penal. Proceso 42103, Casación, Sentencia del 19/03/2014, ponente: Luis Guillermo Salazar Otero.
Corte Suprema de Justicia. Sala de Casación Penal. Proceso 42312, Casación, Auto Interlocutorio del 11/12/2013, ponente: María del Rosario González Muñoz.
Corte Suprema de Justicia. Sala de Casación Penal. Proceso 44714, Casación, Auto Interlocutorio del 22/10/2014, ponente: Gustavo Enrique Malo Fernández.
Corte Suprema de Justicia. Sala de Casación Penal. Proceso 45898, Casación, Mixta del 09/09/2015, ponente: Fernando Alberto Castro Caballero.
Corte Suprema de Justicia. Sala de Casación Penal. Proceso 46196, Casación, Auto Interlocutorio del 28/10/2015, ponente: José Luis Barceló Camacho.
Corte Suprema de Justicia. Sala de Casación Penal. Proceso 46483, Casación, Sentencia del 09/03/2016, ponente: Luis Guillermo Salazar Otero.
Corte Suprema de Justicia. Sala de Casación Penal. Proceso 47400, Casación, Sentencia del 15/02/2017, ponente: Fernando Alberto Castro Caballero.
Corte Suprema de Justicia. Sala de Casación Penal. Proceso 48916, Casación, Sentencia del 17/06/2020, ponente: Luis Antonio Hernández Barbosa.
Corte Suprema de Justicia. Sala de Casación Penal. Proceso 49423, Casación, Auto Interlocutorio del 22/02/2017, ponente: Eyder Patiño Cabrera.
Corte Suprema de Justicia. Sala de Casación Penal. Proceso 51142, SP364-2018, Sentencia del 21/02/2018, ponente: Patricia Salazar Cuellar.
Corte Suprema de Justicia. Sala de Casación Penal. Proceso 51444, Casación, Sentencia del 01/07/2020, ponente: Eyder Patiño Cabrera.
Corte Suprema de Justicia. Sala de Casación Penal. Proceso 52001, Casación, Sentencia del 27/08/2019, ponente: José Francisco Acuña Vizcaya.
Corte Suprema de Justicia. Sala de Casación Penal. Proceso 52269, SP4490-2018, Sentencia del 10/10/2018, ponente: Fernando Alberto Castro Caballero.
Corte Suprema de Justicia. Sala de Casación Penal. Proceso 52553, Casación, Auto Interlocutorio del 25/07/2018, ponente: Eugenio Fernández Carlier.
Corte Suprema de Justicia. Sala de Casación Penal. Proceso 52816, Casación, Sentencia del 12/09/2019, ponente: Luis Antonio Hernández Barbosa.
Corte Suprema de Justicia. Sala de Casación Penal. Proceso 53434, Casación, Sentencia del 21/10/2020, ponente: José Francisco Acuña Vizcaya.
Corte Suprema de Justicia. Sala de Casación Penal. Proceso 53956, Casación, Auto Interlocutorio del 05/12/2018, ponente: José Francisco Acuña Vizcaya.
Corte Suprema de Justicia. Sala de Casación Penal. Proceso 54201, SP955-2020, Sentencia del 27/05/2020, ponente: Luis Antonio Hernández Barbosa.

Corte Suprema de Justicia. Sala de Casación Penal. Proceso 55244, Casación, Auto Interlocutorio del 30/10/2019, ponente: Luis Antonio Hernández Barbosa.

Corte Suprema de Justicia. Sala de Casación Penal. Proceso 55371, Casación, Sentencia del 03/02/2021, ponente: Eugenio Fernández Carlier.

Corte Suprema de Justicia. Sala de Casación Penal. Proceso 56399, Casación, Auto Interlocutorio del 18/03/2020, ponente: Patricia Salazar Cuellar.

Corte Suprema de Justicia. Sala de Casación Penal. Proceso 56641, Casación, Auto Interlocutorio del 15/07/2020, ponente: Luis Antonio Hernández Barbosa.

Corte Suprema de Justicia. Sala de Casación Penal. Proceso 58225, Impugnación Especial, Sentencia del 21/07/2022, ponente: Myriam Ávila Roldán.

Corte Suprema de Justicia. Sala de Casación Penal. Proceso 59636, Impugnación Especial, Sentencia del 15/03/2023, ponente: Fabio Ospitia Garzón.

Corte Suprema de Justicia. Sala de Casación Penal. Proceso 61110, Impugnación Especial, Auto Interlocutorio del 21/06/2023, ponente: Luis Antonio Hernández Barbosa.

Corte Suprema de Justicia. Sala de Casación Penal. Proceso 61125, Casación, Sentencia del 01/03/2023, ponente: Diego Eugenio Corredor.